MON ENFANT S'ENTEND BIEN AVEC LES AUTRES

Publié pour la première fois en Australie et en Nouvelle-Zélande en 2006 par Finch publishing Pty limtited, sous le titre *Getting on with others : how to teach your child essential social skills.*

Traduction française : Pascal Raciquot-Loubet.
Adaptation : Sophie Boucher.

John Cooper

Mon enfant s'entend bien avec les autres

•Marabout•

À mes parents qui ont fait tant de sacrifices
pour nous donner un bon départ dans la vie.

Sommaire

Deuxième partie
Les premières compétences sociales

Troisième partie
Enseigner à votre enfant les principales compétences de la vie

Avant-propos

Être les parents d'un jeune enfant est une joie et un privilège, mais maîtriser les compétences de ce rôle constitue un défi considérable, notamment parce que, comme nous le savons désormais, ce stade de développement est fondamental pour l'avenir de l'enfant. Un tel privilège comporte de lourdes responsabilités. Pour être guidés dans cette tâche, les parents disposent d'un vaste ensemble de documents de qualité très variable. Devant l'ampleur de cette documentation, nombre d'entre eux, pourtant déterminés, peuvent se retrouver découragés et plus désorientés qu'informés. Afin de bien choisir les conseils à suivre, il importe d'examiner les références et le crédit de celui qui les donne.

Je connais depuis plus de trente ans les recherches et le travail clinique de l'auteur de cet ouvrage, et j'étais curieux de voir comment son expérience professionnelle pouvait être condensée dans un livre accessible à des non-professionnels. Parfois, les experts ont du mal à se mettre à la portée de leurs lecteurs. À mon grand plaisir, j'ai constaté que ce livre témoigne de la capacité de John Cooper à s'engager et à se mettre à la place des parents à tous les niveaux. Les principes fondamentaux comme les concepts les plus sophistiqués sont exposés sous formes de stratégies aussi claires que simples, illustrées par des exemples quotidiens qui intéressent n'importe quel parent.

Selon les études, les femmes sont de grandes lectrices, mais les hommes sont moins consommateurs de livres et de journaux, sauf lorsqu'ils ont été soigneusement conçus. Cet ouvrage convient aux lecteurs comme aux lectrices et, ce qui me paraît particulièrement important, décrit des situations et expériences auxquelles les hommes peuvent facilement s'identifier : il a été rédigé sans fard et avec sincérité par un père soucieux de répondre aux aspirations des pères comme des mères.

Je peux recommander sans réserve cet ouvrage aux parents et aux praticiens désireux de mieux comprendre les principes et stratégies qu'exige le rôle de « bon parent ». Il trouvera sans conteste sa place dans mon service, pour les parents comme pour les étudiants de diverses disciplines – médecine, psychiatrie et santé mentale – qui y sont enseignées.

Professeur Bryanne Barnett

Directrice de clinique

Service de Santé mentale infantile et adolescente

Services de Santé de Sydney

Introduction

Ce livre traite des relations avec les autres, à commencer par celles que vous nouez avec votre enfant. C'est la première et la plus importante qu'il aura : elle constitue la base de toutes les suivantes. Les pédopsychiatres ont remarqué que si un enfant bénéficie d'un lien solide de confiance avec ses parents, cela le met en position d'entretenir de meilleures relations dans sa vie future. Cet ouvrage expose comment les parents peuvent instaurer une relation forte avec leurs enfants et leur inculquer des compétences sociales qui les aideront dans leurs relations. Je me suis inspiré de mon expérience de père (d'un garçon et d'une fille), de la lecture de milliers d'articles et d'ouvrages, mais surtout de mes trente années d'expérience de praticien avec des enfants et leurs familles.

Les interactions avec autrui sont très probablement l'un des domaines les plus difficiles de l'existence. Nous traversons des hauts et des bas avec amis, relations amoureuses, enfants, voisins et collègues. Presque tous nos actes impliquent une certaine dose d'interaction sociale. À moins d'être un ermite, tout le monde a besoin de compétences sociales. Les relations avec les autres nous apportent nos meilleurs comme nos pires moments. À la maison, à l'école, au travail comme durant nos loisirs, nous sommes en relation avec autrui. Parfois, ce lien nous apporte du plaisir et de la satisfaction, parfois du chagrin et de la peine.

Certains enfants éprouvent des difficultés dans les situations sociales et sont par conséquent fréquemment malheureux. Ces enfants deviennent bien trop souvent des adultes qui ont du mal à se comporter en société. Leur offrir une relation familiale solide et sécurisante ainsi que certaines compétences sociales de base les rendra plus à l'aise dans ces situations, étendant ainsi l'éventail de leurs choix.

Ce livre ne pourra transformer chaque enfant en « papillon social » voletant d'une soirée à une autre. Chaque individu trouvera dans la vie une voie qui sera la sienne et uniquement la sienne. Le parent ne sera là que pour le soutenir en cas de besoin et lui accorder son indépendance lorsque cela sera nécessaire. Un parent développe les capacités de son enfant pour qu'il soit capable du meilleur. L'un des rôles de parent consiste à assurer que l'enfant possède les meilleures compétences dans le plus de domaines possible. La plupart des parents reconnaissent la valeur du savoir scolaire, mais de plus en plus d'études démontrent que trois autres domaines clés sont tout aussi cruciaux pour le développement d'un enfant : le comportement, les compétences sociales et la faculté de résoudre les problèmes relationnels.

Ce livre explique aux parents la nature du comportement de l'enfant et ce qui provoque des problèmes. Comme nous le verrons, certains enfants ne sont tout bonnement pas nés avec un tempérament très coopératif, ce qui entraîne des tensions dans leurs relations avec leurs parents.

La manière dont ceux-ci traitent les problèmes comportementaux de l'enfant est d'une importance vitale. Certains parents ne savent pas très bien comment se tirer de cette difficulté et hésitent à affronter et punir l'enfant.

La première partie de cet ouvrage donne des programmes de gestion du comportement pour encourager l'enfant à coopérer. La base de ces techniques est de développer une relation plus étroite avec l'enfant. En nouant une relation plus positive et en apprenant à gérer les conflits éventuels, vous permettrez à votre enfant de mieux appréhender ses relations avec les autres. La coopération commence dans l'environnement familial. C'est chez eux que la plupart des enfants désobéissants à l'école ont appris à se montrer difficiles.

La deuxième partie expose aux parents comment enseigner à leurs enfants les compétences sociales de base essentielles à leur développement, notamment écouter, partager et attendre son tour.

La troisième partie vise à enseigner les émotions aux enfants, en particulier à travers des techniques de relaxation et de réduction de l'anxiété. Après quoi, les parents apprendront les différentes manières de résoudre les problèmes afin d'enseigner à leurs enfants comment résoudre les situations de conflit.

Chapitre 1
Les trois clés du bien-être social de votre enfant

En face de moi était assis Ben, un enfant de douze ans qui m'avait été envoyé en consultation pour ses crises de colère. Boudeur, la tête baissée, il n'avait desserré les dents que pour marmonner de temps à autre « Je sais pas », ce qui, d'un point de vue thérapeutique, ne m'était pas d'un grand secours. Son professeur m'avait déclaré que Ben était un élève intelligent, mais qu'il ne s'appliquait pas, qu'il n'écoutait pas et troublait la classe. En outre, Ben se trouvait dans un groupe qui ne lui convenait pas et il piquait d'irrépressibles crises de colère.

Moi : Tu as encore été expulsé de cours.

Ben : Gnn. (J'ai pris cela pour un « oui »).

Moi : Ton professeur m'a dit que tu avais giflé un camarade qui t'avait traité de quelque chose.

Ben (les yeux vers ses chaussures) : C'était pas ma faute. Fallait pas qu'il me dise ça.

Moi : Quelle autre réaction aurais-tu pu avoir ?

Ben (long silence avant de trouver une idée) : Lui donner un coup de pied ?

Moi : Cela aurait eu le même résultat ? Aurais-tu tout de même eu des ennuis ?

Ben (tête baissée) : Gnn.

Moi : Essayons de trouver une manière dont tu aurais pu gérer cette situation avec un résultat positif pour toi. Qu'aurais-tu pu faire d'autre ? (Cela faisait trois semaines que nous pratiquions la résolution de problèmes).

Ben : Je sais pas.

Moi : Réfléchis bien. Sers-toi de ta tête.

Ben (long silence suivi d'un moment d'illumination : *j'avais réussi à communiquer !*) : JE SAIS ! J'aurais pu lui donner un coup de boule !

Moi : Ce n'est pas ce que je voulais dire en te conseillant de te servir de ta tête.

Pourtant, Ben était un enfant intelligent : ses tests le reconnaissaient comme d'une intelligence supérieure à la moyenne. Il n'avait tout bonnement pas appris d'autre comportement que l'agression face aux défis sociaux inévitables de la vie scolaire. Comparons son cas à celui de Ryan, un garçon de même niveau :

Ryan est coopératif, sourit beaucoup, s'entend bien avec les autres, a beaucoup de camarades et possède tout un éventail de manières non violentes pour gérer les conflits sociaux. Dans les rares occasions où il a été taquiné par ses camarades, il n'a pas relevé, et si cette solution ne fonctionnait pas, il les a affrontés en leur demandant d'arrêter sans pour autant montrer d'agacement. Étant la plupart du temps avec ses copains, il était rarement agressé. Il était généralement apprécié de ses professeurs et des adultes.

Il n'est pas nécessaire d'être psychologue pour déterminer lequel de ces deux enfants a le plus de chances de devenir un adulte équilibré. Pourtant, nous rencontrons de plus en plus de Ben dans notre société actuelle. En fait, nous constatons l'augmentation de tous les types de troubles psychologiques. De nos jours, presque un enfant sur cinq a des difficultés émotionnelles ou comportementales. Il y a seulement dix ans, la dépression infantile était rarement diagnostiquée. Au cours des dernières années, les prescriptions de fluoxétine (Prozac®) et de sertraline (Zoloft®), deux antidépresseurs, ont quintuplé. Auparavant avait eu lieu une augmentation du même ordre des prescriptions de médicaments stimulants pour les enfants souffrant d'hyperactivité et de déficit d'attention. Nous savons que les enfants affligés de problèmes comportementaux ou émotionnels ont plus de risques de devenir des adultes souffrant de troubles psychologiques s'ils ne sont pas soignés.

Ben et Ryan présentent plusieurs différences importantes :

Ben	**Ryan**
Ben ne coopère pas avec ses professeurs.	Ryan est coopératif.
Ben manque de compétences sociales telles que le contact visuel. Il sourit peu et n'a pas acquis de compétences conversationnelles.	Ryan a de bonnes compétences sociales et s'entend bien avec ses camarades et ses professeurs.
Ben contrôle mal ses émotions. Quand quelqu'un l'agace, il le frappe. Ben n'est pas très créatif dans la résolution des problèmes.	Ryan est capable de contrôler ses émotions. Il se montre plus autoritaire qu'agressif.

Les différences se situent dans trois domaines clés :

1. le comportement coopératif,

2. les compétences sociales,

3. la résolution de problèmes sociaux.

Ces compétences s'apprennent successivement, chacune découlant de la précédente, en commençant par la coopération. Examinons de plus près ces trois compétences.

Le comportement coopératif

Nicole (deux ans et demi) refuse de s'habiller pour aller à l'école.

Papa : Tu vas coopérer ?

Nicole (dédaigneuse) : Non, je suis Nicole.

La coopération est la compétence de base. Si un enfant n'apprend pas à coopérer, son développement ultérieur en sera considérablement affecté. Les enfants non coopératifs ont des difficultés à apprendre d'autres compétences sociales et à résoudre les problèmes. Comme Ben, ils se retrouvent bloqués et limités à une réaction unique.

Ben ne fera pas d'aussi bonnes études que Ryan, alors qu'il est tout aussi intelligent. Les enfants difficiles font souvent peu attention en classe et ne peuvent donc exprimer tout leur potentiel. Ben risque fort d'être rejeté par ses condisciples en raison de son caractère asocial. Il traînera probablement avec un groupe de garçons ayant une personnalité proche, puisqu'ils sont généralement les seuls qui acceptent une telle attitude. Ces garçons s'encouragent mutuellement à adopter des comportements de plus en plus accentués et le niveau scolaire de Ben en pâtira encore davantage.

Devenir coopératif s'apprend à la maison. De nombreux enfants comme Ben sont fréquemment en conflit avec leurs parents. Quand il était plus jeune, Ben a de plus en plus adopté un comportement de défi et ses parents, en retour, ont accentué les punitions. Les moments de rapprochement positif et de distraction sont devenus de plus en plus rares et espacés. La relation entre Ben et ses parents a commencé à se détériorer. Ben, de plus en plus boudeur et coléreux, était prêt à exploser au moindre incident. Ses parents disaient que c'était comme marcher sur des œufs. Le comportement de l'enfant à la maison a fait le lit de son attitude avec ses camarades et ses professeurs. C'était non seulement ce qu'il connaissait le mieux, mais il ne connaissait rien d'autre.

Le comportement coopératif est une première étape nécessaire avant que d'autres compétences sociales puissent être apprises.

Beaucoup d'enfants passent leurs deux premières années à piquer de terribles colères. La plupart commencent à abandonner ce comportement à partir de trois ans. Cependant, certains, comme Ben, ne sortent pas de cette impasse : 18 % des enfants continuent d'avoir des difficultés comportementales ou émotionnelles importantes.

Certains enfants se situent à l'opposé. Ils ne sont ni désobéissants ni agressifs, mais timides et angoissés.

Émilie était très timide à la maternelle. Elle piquait des colères le matin avant de partir à l'école et c'était la croix et la bannière pour lui faire franchir la grille. Elle s'accrochait à sa mère en pleurant. Quand celle-ci parvenait enfin à se libérer et à partir, Émilie suivait sa maîtresse presque toute la journée. Elle ne se liait absolument pas aux autres enfants. Ceux-ci apprirent rapidement à ne plus faire attention à elle.

Les enfants timides et angoissés sont souvent tout aussi têtus et non coopératifs, mais au lieu d'être agressifs, ils s'arc-boutent et refusent de se lier avec les autres, tout en évitant les situations nouvelles. Manquant d'interactions avec les autres enfants, ils n'acquièrent pas la pratique du partage et de la résolution de conflits comme leurs pairs. Ils ont souvent peu d'amis, ce qui fait d'eux des cibles faciles pour les taquineries : les petits durs s'en prennent aux enfants isolés, pas à ceux qui sont intégrés à des groupes. Les taquineries ont un fort impact sur les enfants : imaginez aller chaque jour au bureau en sachant qu'à peine arrivé, vous serez en butte aux moqueries et aux menaces de collègues qui vous harcèlent en permanence.

Le comportement coopératif est une première étape nécessaire avant l'apprentissage des autres compétences sociales. Ben avait des difficultés à acquérir ces compétences parce qu'il n'était pas coopératif. Emily est entêtée, et si elle continue d'adopter son comportement timide et angoissé, elle ne pourra pas pratiquer et apprendre les autres compétences sociales. Elle risque fort de devenir une solitaire vulnérable, peut-être même une victime – en butte aux persécutions de Ben !

Les compétences sociales

Ryan a développé des compétences sociales plus positives que celles de Ben. Ces compétences comprennent notamment : saluer les autres, établir un contact visuel, écouter, attendre son tour et faire des compliments. Une compétence sociale très basique comme saluer peut changer la manière de réagir des autres. Un enfant qui regarde son interlocuteur, sourit et répond « bonjour » a plus de chances qu'on s'adresse à lui qu'un enfant qui se contente de baisser la tête sans un mot.

La plupart des gens savent combien il est important de s'entendre avec les autres – et combien c'est parfois difficile. Le vieux proverbe « Ce qui compte, ce n'est pas ce qu'on connaît, mais qui on connaît » vaut encore de nos jours. Des études récentes avancent même que les compétences sociales sont peut-être encore plus importantes que bien des gens le pensent. Le meilleur indicateur de la future adaptation d'un enfant une fois devenu adulte n'est pas le QI, mais sa capacité à s'entendre avec les autres. Il est de plus en plus prouvé que les enfants dotés de bonnes compétences sociales sont réellement meilleurs à l'école que ceux qui ont la même intelligence et des compétences sociales moins développées.

Compétences sociales et problèmes psychologiques sont liés. À mesure que les problèmes émotionnels de l'enfance augmentent, les occasions d'apprendre des compétences sociales déclinent. Examinons pour quelles raisons :

• les enfants d'aujourd'hui passent moins de temps à interagir avec d'autres enfants. Ils en passent davantage devant la télévision, à regarder des émissions, des DVD et des vidéos qu'en classe. Jouer à des jeux électroniques sur des ordinateurs et des PlayStation est également de plus en plus répandu. Bien des parents déclarent que les enfants sont plus irritables après y avoir joué. Le stress s'accumule, l'adrénaline est libérée. La fonction de cette hormone est de nous pousser à l'activité physique. Malheureusement, à part développer les muscles de l'index et du pouce, ces jeux ne présentent guère d'activité physique ;

• l'annonce de la disparition d'un enfant fait frémir tous les parents. Nous ne considérons plus notre quartier comme aussi sûr qu'avant, et les enfants ne sont plus autorisés à traîner avec leurs copains. Au lieu de les laisser improviser une partie de ballon dans le parc voisin, nous faisons surveiller leur moindre activité, ce qui leur laisse moins de temps pour les interactions informelles et la résolution de problèmes entre eux. Les enfants d'aujourd'hui passent moins de temps à se fréquenter, apprendre à s'entendre, coopérer et faire des compromis ;

• les familles étant plus réduites, même à la maison les enfants ont moins d'occasions de mettre en pratique les compétences de base que sont le partage et la résolution de conflits. L'interaction avec les frères et sœurs est un facteur clé du développement des compétences sociales. De telles relations, positives, peuvent apprendre à partager, coopérer et résoudre les conflits.

Apprendre aux enfants des compétences sociales leur donne le choix : ils peuvent continuer à adopter des comportements négatifs ou utiliser des compétences sociales positives comme partager ou attendre son tour. Comment les aider à faire le bon choix, surtout s'ils deviennent émotifs ? C'est là qu'intervient la résolution de problèmes sociaux.

La résolution de problèmes sociaux

Ce sont nos émotions qui causent la plupart de nos problèmes. Ben se laissait guider par ses émotions dans son choix. Si quelqu'un le provoquait, il se mettait en colère et le frappait. Il ne réfléchissait pas aux conséquences de ses actes à long terme. Je suis toujours fasciné par les difficultés qu'ont les enfants à trouver des solutions autres que l'agression. Ben était bloqué dans le schéma de la violence, parce qu'elle a des résultats immédiats :

- elle mettait fin aux taquineries,
- elle servait de soupape à la colère de Ben,
- elle lui donnait la satisfaction de la vengeance.

Les effets à long terme ne sont évidemment pas aussi positifs :

- Ben a été expulsé (une fois de plus),
- il est mal considéré par ses professeurs et condisciples,

• les autres enfants l'évitent (ou le provoquent, parce qu'ils savent qu'ils vont obtenir une réaction et lui causer des problèmes),

• ce qui met en branle un cercle vicieux. Ben n'est pas accepté par les autres et se rabat donc sur un groupe d'enfants aussi turbulents que lui, qui le soutiennent.

Non seulement incapables de contrôler leurs émotions, les enfants comme Ben ont également du mal à déchiffrer les émotions d'autrui. Ils voient le monde comme un univers hostile. Les regarder suffit à provoquer l'agression.

La compétence de reconnaître et de gérer les émotions ainsi que de résoudre les problèmes sociaux constitue ce qui est souvent appelé « intelligence émotionnelle ». Selon certains psychologues, elle est plus importante que le QI. Nous savons en effet que les enfants qui évoluent avec des problèmes psychologiques ont souvent de grandes difficultés à gérer des émotions comme la colère et l'anxiété.

Le pouvoir des parents

Les parents peuvent aider les enfants dans chacun des trois domaines clés : comportement coopératif, compétences sociales et compétences de résolution des conflits. En premier lieu, il est crucial d'inculquer la coopération. Si votre enfant n'est pas coopératif, il ne sera pas disposé à apprendre les autres compétences. Comme la plupart, celles-ci doivent être enseignées dès le plus jeune âge. Il est plus difficile d'enseigner un comportement coopératif après l'âge de huit ans.

Voici quelques questions que vous devrez vous poser. Les réponses vous aideront à déterminer si votre enfant possède les compétences sociales qui l'aideront à partir du bon pied pour les relations avec les autres et les études :

• votre enfant se met-il facilement en colère et est-il difficile à calmer ?

• est-il angoissé ou timoré ?

• est-il replié sur lui-même ?

• coopère-t-il rapidement en suivant vos instructions dans moins de 60 % des cas ?

• adopte-t-il une attitude de défi et répond-il ?

• est-il agressif ou se dispute-t-il souvent avec les autres ?

• manifeste-t-il des réticences à se joindre à d'autres enfants ?

• manifeste-t-il des réticences à partager ou à attendre son tour avec les autres enfants ?

• les autres enfants l'ignorent-ils ou l'évitent-ils ?

• présente-t-il une absence d'écoute (lorsqu'on lui lit des histoires, par exemple) ?

Bon nombre des comportements présentés ci-dessus sont le signe que votre enfant aura des problèmes à apprendre ou à s'entendre avec les autres. La bonne nouvelle, c'est que ces compétences peuvent lui être enseignées.

Cependant, avant tout, il est important de comprendre pourquoi les enfants deviennent ainsi. La nature (ce qu'est l'enfant à sa naissance) et l'éducation sont tout aussi importantes. Nous le verrons au chapitre 2.

En résumé

• Deux enfants peuvent être nés avec la même intelligence, mais trois points sont importants pour leur permettre de l'utiliser : comportement coopératif, compétences sociales et résolution des conflits.

• La plupart des enfants passent par des stades de colère ou de grande timidité. En général, à partir de trois ans, la situation s'améliore.

• Environ un enfant sur cinq continue d'adopter le même comportement : défi et colère ou timidité et anxiété.

• Les enfants rebelles ou angoissés ne développeront pas les compétences sociales et la faculté de résoudre les conflits nécessaires à une bonne santé mentale dans leur vie d'adulte.

• Les parents peuvent enseigner aux enfants le comportement coopératif, les compétences sociales et la faculté de résoudre les conflits.

• Une relation positive parents-enfants est importante pour développer le comportement coopératif et apprendre aux enfants à nouer des relations.

CHAPITRE 2
NATURE OU ÉDUCATION ?

Le débat fait encore rage pour savoir si le comportement d'un enfant est dû à la nature (son caractère inné) ou à son éducation. La réponse est : les deux comptent. L'héritage génétique d'un enfant *et* l'environnement familial ont tous les deux des conséquences importantes.

TOUT COMMENCE AVEC LA NATURE

Tout parent de plus d'un enfant sait que les enfants sont très différents dès la naissance. Que deux êtres issus des mêmes parents soient pourtant si différents en caractère est souvent un sujet d'étonnement. Le tempérament, ou « nature », d'un enfant est généralement considéré comme quelque chose d'inné, hérité des parents. On entend souvent dire : « Il a bon – mauvais – caractère, il est tout à fait comme son père, c'est dans leur nature. »

Les parents d'enfants difficiles sont souvent confrontés à un défi. Ce genre d'enfant est plus compliqué à calmer, il dort moins, est plus exigeant et plus impulsif.

Les différences de tempérament peuvent se faire jour dès les premiers mois.

Mélanie avait une petite fille, Katie, âgée de quatre mois. Katie ne se calmait le soir qu'à 23 heures, se réveillait toutes les heures durant la nuit et était pleinement réveillée dès 5 heures du matin. Elle ne parvenait à dormir que quarante-cinq minutes maximum dans la journée.

Katie était irritable dans la journée et pleurait pour qu'on la prenne dans les bras. Elle n'acceptait le contact que de ses parents. Même à cet âge, elle se mettait à crier si ses grands-mères ou tantes la prenaient. Si Mélanie cessait de bouger, Katie pleurait jusqu'à ce qu'on la berce ou qu'on la promène. Mélanie développa une tendinite au coude à force de porter sa fille tout en essayant de faire le ménage. Si elle essayait de la poser, l'enfant se mettait aussitôt dans un tel état qu'elle en arrivait à vomir. En voiture, elle pleurait dès que le véhicule s'arrêtait aux feux rouges. Dès que sa mère arrêtait son landau plus de trois secondes, elle manifestait bruyamment son déplaisir.

Mélanie enviait les bébés des autres qui dormaient paisiblement pendant qu'elles prenaient le café entre amies. Au passage, elle les entendait déclarer : « Oh, il dort profondément, là. »

Le tempérament d'un enfant peut avoir un fort impact sur la condition de parent. Il est beaucoup plus facile d'apparaître calme et détendu lorsque votre bébé dort bien durant la nuit ou vous laisse tranquillement faire le ménage. Si vous avez un bébé agité comme Katie, vous êtes constamment fatigué et stressé. Il n'est alors pas facile d'apparaître comme quelqu'un qui maîtrise calmement la situation. Les médecins déclarèrent à Mélanie qu'elle était trop tendue. Oui, effectivement – mais c'était à cause du comportement de son bébé.

Les enfants au tempérament extrêmement difficile sont souvent diagnostiqués comme souffrant de déficit d'attention. Il est largement admis que ce trouble est au moins en partie génétiquement hérité. Thom Hartmann[1] a une théorie intéressante sur la transmission des gènes du déficit d'attention à travers les générations. Selon lui, il y a fort longtemps, lorsque les sociétés reposaient sur le modèle chasseur/cueilleur, les individus souffrants de déficit d'attention présentaient des dispositions idéales pour la chasse.

Les personnes souffrant de déficit d'attention possèdent trois caractéristiques principales :

• elles sont hyperactives, nerveuses et toujours sur la brèche. Une telle personnalité convenait bien au chasseur, qui devait être constamment en mouvement pour traquer ses proies ;

• elles ont une faible capacité d'attention et se laissent facilement distraire. C'était obligatoirement un atout pour un chasseur contraint de scruter en permanence son environnement pour repérer une nourriture peu abondante et guetter les menaces des bêtes sauvages et des autres tribus ;

• elles sont impulsives et agissent avant de réfléchir. Un chasseur a besoin d'agir rapidement et de bondir sur la proie potentielle avant qu'il ne soit trop tard.

Selon Hartmann, à travers la sélection naturelle, ces gènes ont été transmis aux générations suivantes. Comme la plupart des chasseurs étaient des hommes, cela expliquerait pourquoi les enfants souffrant de déficit d'attention sont plus souvent des garçons que des filles.

Si sa théorie est juste, les enfants impulsifs devaient être hautement appréciés dans les sociétés primitives, étant donné le rôle capital des chasseurs. De nos jours, les enfants qui ont hérité de ces gènes de « chasseur » doivent se colleter avec l'algèbre et les ordinateurs, ce à quoi leur personnalité n'est guère disposée.

---

1. Thom Hartmann, *Attention Deficit Disorder : A Different Perception (A hunter in a farmer's world)*, Underwood Books, Grass Valley CA, 1997.

Bien que difficile à démontrer, la théorie d'Hartmann est une alternative rafraîchissante à l'opinion communément répandue selon laquelle les enfants souffrant de déficit d'attention ont des troubles psychologiques et doivent recevoir un traitement médical.

L'IMPACT DE L'ÉDUCATION

Bien que le tempérament semble rester fixé chez l'enfant dans une certaine mesure et façonne sa personnalité, il peut être considérablement modifié par la manière dont il est élevé.

Mélanie tint bon et survécut à la première année très difficile avec Katie. Elle passa beaucoup de temps avec sa fille, joua avec elle et lui lut des histoires. Son mari, David, l'aida et passa lui aussi beaucoup de temps avec l'enfant. Bien qu'épuisés, tous deux se serrèrent les coudes. Ils offrirent à Katie un environnement chaleureux, stable et aimant. Petit à petit, l'enfant dormit mieux. Elle commença à parler de bonne heure. Ce fut une enfant brillante qui fit par la suite de très bonnes études.

Katie a eu de la chance. L'environnement affectueux et prévisible a progressivement modifié sa nature susceptible (même si elle demeure encore aujourd'hui émotive, surtout quand elle est fatiguée).

Tout comme un environnement familial affectueux peut avoir un effet très positif sur l'éducation, un enfant négligé ou élevé dans un environnement stressant sera négativement affecté. Il n'y a pas d'exemple plus parlant des conséquences d'un environnement néfaste que le drame des orphelins roumains révélé dans les années quatre-vingt-dix.

Les conditions dans lesquelles ces enfants furent découverts ont choqué le monde entier. Personnel et financement étaient affreusement insuffisants. Nombre d'entre eux étaient sous-alimentés et passaient de dix-huit à vingt heures par jours seuls dans leurs berceaux. Ils étaient d'une taille et d'un poids inférieurs à la moyenne et souffraient également d'affections telles que l'anémie, l'hépatite B et le ver solitaire. Ils présentaient des retards de développement : à deux ans, certains ne savaient pas s'asseoir et parlaient très peu. Ils avaient également de graves troubles sociaux : ils étaient repliés sur eux-mêmes, timorés et angoissés. Certains étaient silencieux, étant donné que leurs premiers cris n'avaient suscité aucune réaction. Ils ne savaient pas jouer et restaient à l'écart des autres. Tout cela prouve combien un environnement négatif peut affecter des enfants.

C'est la manière dont un enfant est traité au quotidien qui a le plus de conséquences sur ce qu'il va devenir. La situation des petits Roumains est extrême, mais certaines familles des sociétés occidentales aisées sont souvent sujettes au stress elles aussi. Chez les parents, la dépression est en hausse, tout comme le taux de divorce. De tels événements ont un effet important sur les enfants. Des parents gravement déprimés auront moins d'énergie à leur consacrer et seront plus irritables. Ils auront également plus tendance à céder aux colères de leurs enfants, n'ayant pas la force d'y résister. Les parents dont la relation se détériore sont également plus stressés que les autres, et leurs enfants sont témoins de plus de disputes que la plupart des autres.

Bon nombre de réfugiés roumains ont été adoptés par des familles canadiennes aimantes et les scientifiques canadiens ont pu suivre leurs progrès. Ces enfants avaient passé entre dix-huit mois et quatre ans dans des orphelinats avant leur adoption. À présent, la plupart ont douze à treize ans.

Une grande partie de leurs problèmes médicaux (à l'exception de l'hépatite B) a disparu. Les retards de développement, qui étaient si prononcés, ont considérablement décru. Au début de leur adoption, les enfants restaient sans un bruit dans leur lit sans signaler à leurs parents qu'ils s'étaient réveillés. Ils avaient pris l'habitude de ne voir venir personne. Une fois qu'ils eurent compris que la situation était différente, leurs capacités d'expression s'améliorèrent rapidement et ils apprirent à communiquer. Beaucoup de parents s'inquiètent encore de leurs difficultés émotionnelles, comportementales et sociales. Les conséquences de privations si sévères sont difficiles à surmonter. On ne peut que frémir en pensant à ce qu'il serait advenu de ces enfants s'ils étaient restés dans leurs orphelinats. Ceux dont l'état s'est le plus amélioré sont ceux dont le séjour en orphelinat avait été le plus court. Plus encore, ce sont les enfants accueillis dans les foyers les plus attentifs et les plus stimulants qui ont fait les plus grands progrès et eu le moins de difficultés.

L'environnement où un enfant est élevé a un impact capital. Les enfants héritent d'un certain tempérament, mais leur comportement peut être modifié : c'est l'objet de la première partie de cet ouvrage.

Des progrès considérables ont été accomplis récemment dans la compréhension du développement du cerveau de l'enfant dans ses premières années.

En résumé

- Les enfants naissent avec un tempérament qui leur est propre.
- Bien que l'inné soit important chez un enfant, l'environnement familial où il est élevé se révèle encore plus décisif.
- Les difficultés comportementales d'un enfant sont habituellement dues à une nature difficile ou angoissée.
- La manière dont les parents interagissent avec l'enfant et gèrent son caractère inné est déterminante pour son avenir.
- Dans une famille sujette à un grand stress, les parents auront plus de difficultés à gérer ce comportement d'une manière positive.

PARTIE 1

CHANGER LE COMPORTEMENT DE VOTRE ENFANT

Un comportement coopératif constitue la compétence sociale la plus fondamentale. La plupart des enfants ayant des difficultés comportementales à l'école ont commencé à désobéir et à se montrer difficiles chez eux. La faculté de coopération conditionne l'apprentissage de l'enfant chez lui comme à l'école.

La première et la plus importante relation que connaît l'enfant est celle qu'il noue avec sa famille. C'est au sein de la famille qu'il apprend comment interagir avec les autres. Il adoptera le même style dans ses relations, notamment avec ses camarades et ses professeurs.

Les enfants qui se montrent coopératifs et possèdent de bonnes compétences sociales sont issus de familles où la relation parents-enfants est positive. Les enfants au caractère difficile peuvent exercer une forte contrainte sur la relation parents-enfants : leurs parents doivent se donner davantage de mal pour que la relation reste positive.

Cette première partie décrit comment les parents peuvent forger une relation plus forte avec leurs enfants et encourager une attitude coopérative.

Chapitre 3
Dompter le monstre intérieur

Les parents se retrouvent souvent en lutte ouverte avec leur enfant, que ce soit à cause de sa timidité entêtée, de son attitude de défi ou de ses colères. Lorsque nous commençons à considérer l'enfant comme un problème, la relation parents-enfant se dégrade. Une manière efficace de court-circuiter cela consiste à séparer le problème de l'enfant grâce à l'« objectivation ». Cela revient à faire du problème un objet, par exemple un monstre, qui sera bien distinct de l'enfant. Cette technique fonctionne très bien avec les enfants de quatre ans et plus, à qui elle plaît généralement. Elle exige un peu de poigne, mais si vous suivez les étapes décrites ci-dessous, elle peut être amusante – sans compter qu'elle apporte de rapides améliorations. Élaborée par deux psychologues, Michael White, un Australien, et David Epston, un Néo-Zélandais, cette technique est désormais utilisée dans le monde entier.

Séparer l'enfant du problème

Le problème peut être n'importe lequel. Peur, anxiété, colères, comportement agressif, refus de s'alimenter. La première chose à faire est de s'asseoir calmement avec l'enfant et de commencer à parler simplement *contre* le problème, comme s'il s'agissait de quelque chose de totalement différent de l'enfant.

« Écoute, Paul, ces derniers temps, je suis un peu inquiète de ta peur d'aller à l'école. Tous les matins, elle te fait pleurer et te débattre quand j'essaie de t'habiller. Cette peur rend vraiment les choses difficiles pour toi. »

« Jessica, je suis inquiète des colères qu'il y a en toi. Parfois, on dirait qu'elles s'emparent de toi et te mettent dans tous tes états. Je sais que tu ne veux pas être comme cela, mais c'est comme si ces colères te dirigeaient. »

« Manon, on dirait qu'il y a quelque chose en toi qui t'ordonne de ne pas manger. Tu traînes des pieds à l'heure des repas. Tu as l'air complètement bouleversée. »

Donnez un nom au problème

C'est la première étape : séparer le problème de l'enfant et affirmer que c'est le *problème* qui pose problème, et non l'enfant. Une fois cela fait, il est important de faire nommer le problème par l'enfant. L'idée est que le problème est nuisible pour lui et qu'il doit être identifié par un nom stupide ou méchant. Les enfants apprécient souvent les noms de monstres. Voici quelques exemples :

- Gollum (d'après *Le Seigneur des Anneaux*).
- Celui-dont-on-ne-doit-pas-prononcer-le-nom (d'après *Harry Potter*).
- Voldemort (*Harry Potter*).
- La colère mortelle.
- La peur idiote.
- Le monstre-qui-fait-peur.
- Le troll de cauchemar.
- Le monstre de la colère.

- Le caca sournois.
- Le monstre idiot.

Une fois que votre enfant a défini le nom, faites-le asseoir et dessiner le « problème ». Pendant ce temps, demandez-lui en quoi ce problème lui rend la vie difficile :

1. le rend-il malheureux ?

2. lui cause-t-il des ennuis ?

3. lui fait-il peur ?

4. lui fait-il faire des choses contre son gré ?

L'idée est que ce soit le monstre le méchant, et non l'enfant. Ensuite, toute la famille peut s'allier *avec* l'enfant *contre* le monstre. À partir de ce stade, ne discutez pas du problème en utilisant le prénom de l'enfant, mais utilisez le nom que l'enfant lui a donné.

Les tactiques de combat

L'étape suivante consiste à élaborer quelques tactiques destinées à vaincre le monstre. Il peut être utile pour l'enfant de se rappeler (s'il en est capable) le moment où le monstre a tenté de s'emparer de lui et a été vaincu. S'il n'en est pas capable, essayez de vous rappeler une situation où vous avez pensé que le monstre allait avoir le dessus, mais où l'enfant a réellement résisté. Par exemple, votre enfant a perdu quelque chose, et au lieu de ressasser cela pendant trois heures, il s'est simplement un peu emporté et calmé. Utilisez cet exemple pour démontrer à l'enfant qu'il est possible de vaincre le monstre. En fait, c'est l'occasion idéale pour lui expliquer que le monstre a peut-être l'air redoutable, mais qu'il est en réalité totalement idiot. Qu'on peut le déjouer facilement et que toute la famille l'y aidera. Voici quelques exemples.

Séparer le problème de l'enfant et définir le *problème* comme étant le problème, et non l'enfant.

Les monstres de la colère

Les monstres de la colère peuvent causer de gros ennuis aux enfants. Mais il existe certaines choses qu'ils n'aiment pas. Par exemple, ils détestent vraiment que l'enfant et ses parents s'amusent. Le chapitre suivant montre comment organiser chaque jour un moment amusant et libre de tout conflit. Ces monstres détestent également que l'enfant en colère aille dans sa chambre. C'est une bonne manière d'expliquer à votre enfant la stratégie de la suspension exposée au chapitre 7. Ainsi, si votre enfant sent que le monstre de la colère arrive, il peut aller dans sa chambre : c'est la sienne, et il peut y exercer davantage de contrôle sur le monstre.

Les monstres de la peur

Les monstres de la peur disent aux enfants de ne pas faire certaines choses. Ne pas s'habiller pour l'école. Ne pas entrer dans une pièce obscure. Ne pas manger. Ces monstres détestent quatre choses :

1. que l'enfant soit détendu et heureux (voir le chapitre 14 pour les exercices de relaxation) ;

2. que l'enfant utilise un discours positif (voir le chapitre 15) ;

3. que l'enfant l'ignore. Si le monstre de la peur lui dicte de ne pas faire quelque chose – entrer dans une pièce obscure, par exemple –, il déteste que l'enfant ne l'écoute pas et y entre quand même ;

4. que maman et papa poussent l'enfant à se montrer courageux (voir le chapitre 5).

Ainsi, progressivement, les monstres de la peur peuvent être vaincus.

Les monstres des cauchemars

Doris Brett explique dans un de ces ouvrages[1] que les enfants peuvent se protéger d'un cauchemar en utilisant un anneau magique invisible. Si chaque soir, avant de se coucher, l'enfant enfile l'anneau invisible, les cauchemars ne pourront pas lui faire du mal. L'anneau magique étant invisible, on ne peut pas le voir. Les monstres des cauchemars peuvent toujours venir, mais si l'enfant porte l'anneau, ils ne peuvent rien contre lui. En fait, ils perdent tous leurs pouvoirs et deviennent totalement stupides ; tellement bêtes qu'ils sont faciles à effrayer, rien qu'en prononçant le mot « Bouh ! » dans son sommeil.

Une autre manière de s'allier pour vaincre les monstres des cauchemars est de se rappeler qu'ils ne sont pas très malins et qu'ils sont faciles à attraper. Aidez votre enfant à décorer une boîte en carton, percée d'un tout petit trou sur le dessus, avec une flèche indiquant « Monstres des cauchemars – entrée ». Dites à votre enfant que les monstres sont tellement bêtes qu'ils suivront la flèche et entreront dans la boîte par le trou. Mais, comme ils ne sont pas assez malins pour retrouver la sortie, ils y resteront piégés toute la nuit. Le matin, il suffit de boucher le trou et de jeter la boîte.

Les monstres du pipi et du caca

Les monstres du pipi et du caca adorent que les enfants soient absorbés par un jeu et loin des toilettes. C'est dire à quel point ils sont sournois. On peut les vaincre facilement

1. *Annie Stories*, Hale & Iremonger, Sydney, 1989.

si, pendant une semaine, l'enfant s'entraîne à courir aux toilettes. Les parents peuvent chronométrer le temps qu'il lui faut, comme s'il s'agissait d'une épreuve des Jeux olympiques.

Ces monstres détestent les toilettes. Plus un enfant y va souvent, plus facilement ils sont vaincus. Ils détestent également que maman et papa félicitent l'enfant chaque fois qu'il va aux toilettes.

Les victoires et les défaites

L'idée est que chaque fois que votre enfant remporte une victoire sur le monstre, celui-ci s'affaiblit et finit par s'enfuir. Expliquez à votre enfant combien les monstres sont sournois : ils arrivent discrètement et essaient de s'emparer de lui. Chaque fois, il faut essayer de les vaincre.

Fabriquez un tableau des victoires et des défaites comme ci-dessous et aidez votre enfant à le remplir. Vous y consignerez chaque occasion où le monstre a essayé de s'emparer de lui et a été vaincu. Par exemple, si vous remarquez un moment où votre enfant aurait dû se mettre en colère ou avoir peur, notez cela comme une victoire et notez-la avec lui. Pour les enfants de moins de cinq ans, dessinez simplement une étoile pour chaque victoire. Si le monstre est vainqueur, notez la défaite de l'enfant.

IMPORTANT : notez les victoires le plus rapidement possible, mais attendez que l'enfant se soit calmé avant de noter une défaite. Ensuite, vous pourrez discuter sereinement de la manière dont l'enfant pourra vaincre le monstre la fois suivante.

Victoires	Défaites
Aujourd'hui, j'ai perdu mon ballon et j'ai senti que le monstre de la colère allait arriver. Je me suis un peu énervé, mais je suis allé dans ma chambre et je me suis calmé.	Je me suis disputé avec mon frère aujourd'hui. Le monstre de la colère a gagné. La prochaine fois, je serai prêt et j'irai dans ma chambre tout seul, car il n'aime pas cela.
Mon frère m'a taquiné et le monstre de la colère n'a pas été content que je m'en aille.	
Maman m'a dit de prendre mon bain. Le monstre de la colère m'a dit « Non », mais je n'ai pas fait attention à lui.	

Recensez les victoires et discutez-en. Dites à votre enfant qu'il vainc le monstre tellement souvent qu'il va finir par l'affaiblir.

Votre enfant n'est pas seul face au monstre

Soulignez le fait que votre enfant n'est pas seul dans son combat contre le monstre. Que toute la famille est à ses côtés. Que le monstre a toutes les chances d'être vaincu. Utilisez les techniques du chapitre 5 pour encourager l'enfant. Vous pouvez même le récompenser chaque fois qu'il remporte une victoire. Cela peut être très utile lorsque vous encouragez votre enfant à surmonter ses problèmes.

De temps en temps, vous pouvez essayer de déterminer la force du monstre. Voici quelques exemples :

• faites un dessin très simple de votre enfant et demandez-lui de colorier la partie qu'il estime dominée par le monstre. Faites cela chaque semaine pour en mesurer la diminution ;

• quand vous parlez du monstre, demandez quelle est sa taille en mimant avec les mains. Faites-le chaque semaine ;

• demandez à votre enfant quelle est la force du monstre. Dessinez une échelle de 0 (très faible) à 10 (incroyablement fort). Soulignez chaque semaine combien le monstre diminue.

D'autres chapitres de ce livre vous donneront des idées pour vaincre le monstre. L'approche consistant à utiliser un monstre est très utile parce qu'elle fait de votre enfant et vous des alliés contre un ennemi commun, ce qui est beaucoup mieux que de lutter contre votre enfant. Vous aurez également toutes les chances de voir l'enfant coopérer.

En résumé

- Objectivez le problème en demandant à l'enfant de lui donner un nom.
- Dès lors, utilisez uniquement ce nom.
- Concevez des tactiques de combat : envisagez toutes les manières de vaincre le monstre.
- Alliez-vous à votre enfant contre le monstre.
- Notez les victoires et les défaites.

Chapitre 4
Utiliser le jeu pour aider l'enfant

Jouer est le travail de l'enfant.
Maria Montessori

Je lavais la voiture, et comme fréquemment dans notre monde actuel, j'avais des tas de choses à faire et j'étais pressé. C'est à ce moment précis que mon gamin de quatre ans prononça les quatre mots que tous les pères redoutent :

« Je peux t'aider ? »

J'espérais terminer dans la journée, ou du moins avant Noël, mais il était écrit que je n'y arriverais pas. Bien entendu, mon fils prit le tuyau d'arrosage et en quelques minutes, je finis lessivé. En revanche, la voiture était encore à peu près sèche et toujours aussi sale. Je savais que j'étais dans une impasse. Mieux valait renoncer.

« Tu veux qu'on joue au ballon ? demandai-je, pensant qu'au moins, je ne me ferais pas tremper.

— Pas maintenant, papa, je travaille », répondit Martin.

Le jeu est reconnu comme une manière primordiale d'enseigner tout un ensemble de compétences. Les enfants apprennent à attendre leur tour en jouant, ils acquièrent leurs facultés motrices simples et complexes, apprennent à parler et à se servir de leur imagination. Le jeu peut également aider à modifier les relations entre parents et enfants.

Un rien peut faire basculer cette relation : l'enfant ne veut pas faire ce que vous lui demandez, il s'entête pour une vétille, et, frustré, vous vous mettez en colère. Lorsque ce genre de choses se produit jour après jour, vous avez tendance à penser : « Oh, non, ça recommence. »

Vous êtes pris dans un cercle vicieux. Votre enfant devient de plus en plus négatif, et vous aussi. Les moments positifs et agréables se font de plus en plus rares. Et comme vous êtes de moins en moins positif envers l'enfant, il essaie d'attirer votre attention d'une autre manière (généralement pas très adroite).

Les enfants attirent quatre fois plus l'attention par leur comportement négatif que par leur comportement positif. Si un enfant rangeait ses jouets immédiatement, il n'aurait probablement droit qu'à un vague : « C'est bien. »

Il se fera bien plus remarquer en désobéissant. Les enfants aiment être le centre d'intérêt et se faire prier est une excellente façon d'attirer sur soi l'attention des parents – même si elle est négative.

Les enfants attirent également l'attention négative en se montrant agités ou angoissés. Si un enfant se met à pleurer pendant qu'il joue avec les autres, les parents ont tendance à venir le chercher et à le consoler. Cela peut devenir un comportement répétitif dans la vie adulte. Nous avons tous vu, sur un terrain de football, un enfant (et aussi un adulte) tomber et hurler de douleur alors que l'autre joueur l'a à peine frôlé. Il se fait soigner et consoler, déclare pouvoir continuer à jouer, obtient une pénalité contre l'adversaire et, quelques minutes plus tard, il gambade comme si rien ne s'était passé.

Certaines sociétés anciennes avaient une conception très sophistiquée du jeu. Dans la Grèce antique, l'enfance était considérée comme une préparation capitale pour l'avenir. Platon a déclaré : « C'est dans l'enfance que tout le caractère est déterminé. » Le jeu était conçu comme une préparation aux activités de l'âge adulte.

Cependant, les enfants étaient également perçus comme difficiles à maîtriser, turbulents et indisciplinés – tout comme aujourd'hui.

D'autres points communs existent avec notre époque. Certaines sociétés, comme la Rome antique, connaissaient des problèmes sociaux semblables aux nôtres. Le taux de divorces était élevé et les remariages fréquents. Les hommes étaient partis à la guerre pendant de longues périodes, ce qui conduisait à des liaisons et à des ruptures. Les familles recomposées étaient communes et la vie au foyer souvent très compliquée.

Le jeu d'enfant

Le jeu d'enfant est une manière de jouer qui aide à renforcer la relation entre votre enfant et vous. Il est trop facile de faire une fixation sur le comportement négatif des enfants. Le jeu d'enfant permet de se concentrer sur le positif.

Les enfants attirent quatre fois plus l'attention par leur comportement négatif que par leur comportement positif.

Vous y parviendrez en consacrant régulièrement un moment particulier positif, agréable pour l'enfant comme pour vous. C'est la première étape pour renforcer une relation. Progressivement, à mesure que ces interactions positives se font plus fréquentes, la relation s'améliorera.

Une étude récente a démontré que les enfants dont les parents s'occupent ainsi sont perçus par les autres enfants comme plus sociables. Leurs professeurs les ont également notés comme plus serviables, coopératifs et sensibles.

L'idée du jeu d'enfant est de jouer avec l'enfant d'une certaine manière. En fait, elle découle des thérapies ludiques utilisées par les psychologues avec les enfants. Emmener votre enfant voir un psychologue pour une telle séance pourrait vous coûter 100 euros de l'heure. Le faire vous-même vous reviendra moins cher et, avec un peu d'entraînement, ce n'est guère difficile.

Le jeu d'enfant comporte de nombreux avantages :

- il est conçu pour vous accorder chaque jour un moment libre de tout conflit : pas de dispute, pas de cris, pas de colères ;
- en vous consacrant ainsi à votre enfant, vous pourrez le voir agir de manière positive ;
- au bout d'environ deux semaines, le jeu d'enfant aide votre enfant à jouer de manière plus indépendante et imaginative, en ayant moins besoin de l'assistance des parents ;
- certains parents déclarent qu'il a un effet apaisant sur l'enfant et presque tous que l'enfant l'apprécie.

Comment jouer au jeu d'enfant

- Pratiquez le jeu d'enfant au moins une fois par jour pendant dix minutes.
- Vous pouvez simplement vous joindre à son activité présente, quelle qu'elle soit. Sinon, vous pouvez choisir des jouets qu'il apprécie particulièrement. Votre enfant a le droit de jouer avec de la manière qui lui plaît (dans une mesure raisonnable).

• Annoncez ce moment en disant quelque chose comme : « Jouons à notre jeu à nous, maintenant. »

À ne pas faire

Nous allons tout d'abord dresser la liste des choses à ne pas faire. Le plus difficile est en effet de désapprendre tous les comportements habituels du jeu. Vous commettrez des erreurs, mais efforcez-vous de suivre les règles suivantes.

Pas de questions

Essayez de ne pas poser trop de questions durant le jeu d'enfant. Elles détournent souvent les enfants du jeu. Et si vous ne cessez d'interrompre votre enfant en demandant : « Et là, que fais-tu ? », « Qu'est-ce que ce dessin représente ? », « Quelle est cette couleur ? », « Combien de cubes as-tu mis pour faire cette tour ? », vous apprenez en réalité à votre enfant à se laisser distraire. Le jeu d'enfant n'est pas un exercice d'apprentissage, mais un moment relaxant et sans contrainte pour vous comme pour l'enfant.

Ce n'est pas facile, car la plupart des parents ont l'habitude de poser constamment des questions.

Pas d'instructions

Certains enfants attendent que leurs parents les guident et leur donnent des instructions sur ce qu'ils doivent faire : ils semblent incapables de jouer seuls. Les parents qui essaient de diriger leurs enfants en proposant des activités ou en donnant des instructions (« Construisons une cabane » ou « Et si nous faisions une grande route qui va à la maison de poupée ? ») peuvent en réalité augmenter leur dépendance.

Bien que quelques instructions puissent être nécessaires pour démarrer le jeu – « On va dessiner », par exemple –

essayez d'en formuler le moins possible durant le jeu d'enfant.

Pas de compliments

Le compliment peut être un outil très efficace. Certaines manières de féliciter les enfants sont plus efficaces que d'autres. L'utilisation du compliment à bon escient sera abordée dans le chapitre suivant.

Afin d'apprendre comment prêter attention au comportement positif de votre enfant en utilisant le commentaire suivi (voir page 60), à ce stade, il est préférable d'éviter tout compliment durant le jeu d'enfant.

Les mères ont généralement du mal à ne pas poser de questions parce qu'elles aiment éduquer l'enfant pendant le jeu. Les pères ont surtout du mal à ne pas donner d'instructions, parce qu'ils ont du mal à ne rien dire si l'enfant fait les choses d'une manière différente de leur conception personnelle.

Une étude britannique récente a démontré que de nombreux enfants n'aiment pas jouer avec leur père parce que ceux-ci cherchent toujours à gagner. Je dois dire que je ne partage pas cette expérience : je trouve que la plupart des enfants aiment jouer avec leur père. Mais les pères qui ont besoin de se prouver quelque chose en battant un enfant de sept ans devraient prendre le temps de réfléchir aux conséquences sur l'amour-propre de leurs enfants plutôt que sur le leur.

Les sociétés occidentales n'ont pas toujours reconnu l'importance du jeu. On y parle parfois du passé comme d'une époque où toutes les familles menaient une vie simple ensemble, avec beaucoup de temps à consacrer à la cohésion familiale. Les garçons étaient censés passer du temps avec leur père pour apprendre un métier et devenir des hommes. Ça n'a pas toujours été le cas.

Avant le XVIIe siècle, les familles se composaient principalement de parents et d'enfants de moins de huit ans. Au-delà, l'enfant devenait un membre actif de la société et travaillait ou commençait son apprentissage auprès d'un maître. Les familles étaient plus nombreuses car près de la moitié des enfants mouraient avant l'âge adulte.

Lors de la révolution industrielle, de nombreux enfants souffrirent considérablement. Les plus mal lotis étaient issus des classes les plus pauvres. Dès six ou sept ans, ils travaillaient seize à dix-huit heures par jour dans les filatures. Ils étaient recherchés pour les métiers à tisser car leurs petits doigts agiles étaient plus rapides que ceux des adultes (tout comme ils sont meilleurs que nous sur la PlayStation). En dehors de la demi-heure accordée pour le petit déjeuner et le déjeuner, ils n'avaient pas le droit de boire ou d'aller aux toilettes. Les enfants qui abandonnaient leur poste de travail étaient fouettés. Ils étaient également exploités dans les mines, parce qu'ils pouvaient se faufiler dans les galeries les plus étroites. De nombreux enfants mouraient littéralement d'épuisement avant leur adolescence.

La reconnaissance de l'enfance comme préparation à l'avenir apparut au XIXe siècle dans la société occidentale. Les parents commencèrent à considérer l'enfance comme un investissement pour l'avenir et le jeu commença à être perçu comme une composante essentielle du développement.

À faire

Alors, que peut faire un parent durant le jeu d'enfant ? Les instructions qui suivent sembleront faciles et, en les lisant, vous penserez sans doute que vous agissez déjà ainsi. En pratique, cependant, ce ne sera pas aussi simple qu'il y paraît.

Vous aurez du mal au début, mais avec un peu d'entraînement, cela vous paraîtra plus facile et plus naturel.

Le commentaire suivi

Décrivez avec enthousiasme ce que votre enfant est en train de faire. Imaginez-vous en train de commenter un match de tennis ou de football, par exemple.

• Voici ce que cela pourrait donner :

– « Tu as mis le cube rouge sur le cube bleu, et maintenant, tu en cherches un autre. Tu construis une grosse tour et tu t'amuses bien. Oh, dis donc ! Tout est tombé ! Badaboum ! »

– « C'est un très joli dessin. Regarde toutes ces belles couleurs. »

– « Je me demande ce que tu fais. Tu assembles tous ces cubes avec tellement d'application. »

– « Tu fais la course avec tes petites voitures. C'est la rouge qui gagne, et maintenant, c'est la bleue. Ce qu'elles vont vite. »

– « Tu traces une route dans le sable. Comme elle est longue. Et voilà qu'elle passe dans un tunnel. »

• Pour les enfants plus jeunes (moins de quatre ans), le commentaire suivi doit être relativement continu et c'est à vous de parler la plupart du temps. Pour les enfants d'un âge supérieur, faites des commentaires moins fréquents.

• Le jeu d'enfant est un moment où votre enfant peut utiliser son imagination. Votre tâche est de montrer que cela vous intéresse d'être avec lui. Observer et commenter lui fait comprendre que vous faites attention à lui.

• Il est très difficile de ne pas poser de questions ni de donner des instructions. Au lieu de demander, par exemple : « Que dessines-tu ? », préférez une affirmation comme : « Tu dessines avec tellement d'application ! Quelles jolies couleurs ! »

• N'oubliez pas d'être enthousiaste et enjoué. Souriez et ayez l'air heureux. Cela vous semblera d'abord gauche, mais vous y parviendrez avec un peu d'entraînement.

L'accompagnement

• Accompagner signifie que vous restez proche de votre enfant. Imaginez que vous êtes relié à lui par une courte corde.

• Si votre enfant joue par terre, asseyez-vous avec lui. S'il est assis à une table, faites de même. S'il court dans une autre pièce, suivez-le. S'il gambade dans le jardin, faites en autant.

La participation

• Prenez garde de ne pas prendre le contrôle du jeu ni de laisser l'enfant vous faire tout faire. C'est le jeu de l'enfant, pas le vôtre.

• Vous pouvez vous joindre à lui en imitant ses gestes, ou en attendant qu'il vous donne votre tour. Par exemple, vous pouvez prendre de la pâte à modeler et la manipuler avec lui.

Mettre fin au jeu d'enfant

Durant le jeu d'enfant, vous accordez à l'enfant toute votre attention, et il risque de ne pas apprécier que vous cessiez. Il est sage de prévoir autre chose pour la suite : un goûter, une émission de télévision, une promenade. Préparez l'enfant à l'activité suivante. Par exemple, dites : « C'est presque l'heure de ton goûter. Il faut qu'on arrête de jouer bientôt. »

> Pierre avait quatre ans et était sur le point d'être expulsé de la maternelle. Il renversait régulièrement les jouets des autres enfants ou les meubles. Il réussissait à escalader la clôture et donnait des coups de pied au personnel – y compris à moi qui venais en observateur. Son plus bel exploit fut de s'introduire dans le bureau de la direction et d'y voler une grosse boîte de punaises qu'il renversa dans le bac à sable où des enfants marchaient pieds nus ou s'agenouillaient. Aïe !
>
> Son comportement à la maison était très perturbateur. Il avait roulé le chien dans de la colle avant de le saupoudrer de farine. Ses parents étaient bien entendu extrêmement inquiets et irrités. Sa mère m'expliqua qu'elle l'aimait encore, mais avoua à contrecœur qu'il lui arrivait de le détester un peu. Je lui conseillai d'utiliser le jeu d'enfant, ainsi que d'autres techniques décrites dans les trois prochains chapitres. Petit à petit, le comportement de Pierre s'améliora, mais le plus gratifiant fut qu'il s'en trouva bien plus heureux et plus affectueux envers ses parents. Avant cela, il refusait tout contact physique. Désormais, il venait quémander des câlins à ses parents.

Les problèmes possibles

Certains enfants peuvent trouver le commentaire suivi bizarre et dire des choses comme : « Pourquoi tu parles comme ça ? » Dans ce cas, répondez simplement : « Parce que ce que tu fais m'intéresse. » Les enfants apprécient vraiment le commentaire suivi une fois qu'ils s'y sont habitués.

Lorsque vous consacrerez toute votre attention à votre enfant durant le jeu d'enfant, il aura moins tendance à mal se tenir. S'il présente un comportement difficile ou inapproprié, dites simplement : « Si tu ne joues pas gentiment, je ne jouerai plus avec toi. » Si votre enfant ne se calme pas rapidement, dites : « Puisque tu ne joues pas gentiment, je ne joue plus avec toi », levez-vous et quittez la pièce. Refaites une tentative un peu plus tard dans la journée.

Il vaut mieux ne jouer au jeu d'enfant qu'avec un seul enfant à la fois. Bien sûr, comme ce n'est pas toujours possible, si vous devez vous occuper de plusieurs enfants, faites-les bénéficier à tour de rôle du commentaire suivi.

Si l'un des enfants se montre négatif, ignorez-le. Consacrez toute votre attention aux enfants positifs et commentez leurs gestes.

Utiliser cette compétence à la maison

- Le jeu d'enfant doit être pratiqué au moins cinq fois par semaine. Si possible, faites-en une habitude quotidienne.

- Consignez les résultats de chaque séance dans un cahier spécial.

- N'oubliez pas qu'il faut un certain temps pour modifier un comportement. Attendez au moins deux semaines, puis, si vous jugez que la technique est utile, incluez-la dans votre emploi du temps quotidien.

- Vous ferez des erreurs : par inadvertance, vous poserez des questions, vous donnerez des instructions ou ferez des compliments. Souvent, une instruction de temps à autre est nécessaire pour alimenter le jeu ou aider l'enfant. Cependant, il convient de se restreindre au minimum. Pour mesurer vos progrès, vous pouvez vous enregistrer sur vidéo puis vérifier que vous vous y prenez bien.

• N'oubliez pas que la pratique du jeu d'enfant est la base d'une interaction plus positive. Plus la relation est positive avec l'enfant, plus toute forme de discipline sera efficace.

Suivi des séances de jeu d'enfant

Date	Durée de la séance	L'enfant s'est-il amusé ?	Proportion de commentaire suivi	Avez-vous réussi à éviter les erreurs (voir pages précédentes)

Dans une étude réalisée à Atlanta, un groupe de parents recherchait un soutien pour gérer des enfants très difficiles en âge d'aller à la maternelle. Ils étaient si désobéissants et agressifs que le problème risquait de les suivre au cours de leur adolescence. Les parents apprirent les techniques de jeu d'enfant et de suspension (décrite dans le chapitre 7). Quatorze ans plus tard, les enfants n'avaient pas plus de problèmes que les autres. Il fut conclu que s'ils n'avaient pas été suivis, ils auraient connu bien plus de problèmes de délinquance que la moyenne.

EN RÉSUMÉ

- Un moment régulièrement consacré au jeu avec l'enfant permet d'entretenir une relation positive.
- Durant le jeu d'enfant, posez le moins de questions possible, donnez le moins d'instructions possible et faites le moins de compliments possible.
- Utilisez le commentaire suivi.
- Tenez un journal de vos séances de jeu d'enfant afin de pouvoir mesurer les progrès.

Chapitre 5
Encourager votre enfant

Le jeu d'enfant devrait contribuer progressivement à renforcer la relation positive avec votre enfant. Après un certain temps, le commentaire suivi vous deviendra facile et naturel. Tout en continuant les séances de jeu d'enfant, essayez d'utiliser le commentaire suivi en vous adressant au quotidien à votre enfant. Chaque fois qu'il fait un effort ou qu'il joue pendant un laps de temps sans vous ennuyer, allez le voir pendant quelques minutes et utilisez le commentaire suivi. Au début, cela peut avoir l'effet contraire et votre enfant peut exiger que vous restiez, mais si vous le pratiquez régulièrement, il comprendra que vous allez revenir tôt ou tard et il vous laissera partir.

Utilisez également cette technique dans d'autres occasions. Par exemple, si vous faites des courses, déclarez que votre enfant reste auprès de vous et vous aide. Quand vous avez de la visite, n'oubliez pas d'interrompre de temps en temps la conversation pour aller voir ce que fait l'enfant. Bien que cela puisse sembler fastidieux, cela permet à l'enfant de savoir que vous ne l'avez pas totalement abandonné et que vous reviendrez. Mieux vaut cela qu'un enfant qui vienne vous interrompre.

Utilisez cette technique le plus possible au cours de la journée. Si votre enfant est timide, servez-vous en pour l'encourager dans les situations sociales. Par exemple, si un vendeur a accueilli votre enfant par un « bonjour, Hélène » et qu'il n'a pas répondu, vous pouvez tout de même déclarer : « Je suis contente que tu aies regardé Kévin quand il t'a dit bonjour. » Si votre enfant timide joue avec d'autres, allez le voir pour lui faire comprendre que vous avez remarqué son effort.

Comme nous le savons tous, il est très facile d'entrer dans un cycle négatif quand un enfant passe par un stade « difficile ». L'objectif de ces premiers chapitres est de rétablir l'équilibre, afin que l'enfant reçoive plus d'attention pour son comportement positif que pour ses attitudes négatives ou réservées. Ainsi, vous l'aiderez à développer un comportement sociable au lieu d'attitudes autodestructrices ou négatives. À mesure que son comportement s'améliorera et que vous lui ferez savoir que vous en êtes content, votre relation s'en trouvera renforcée.

Parfois, un comportement est si profondément ancré qu'un effort supplémentaire est nécessaire pour le modifier. Les récompenses peuvent y aider et elles ont l'avantage, contrairement aux punitions, d'être positives. Il existe deux types de récompenses :

1. la récompense sociale, comme les compliments et les encouragements ;

2. la récompense spéciale, soit des activités qu'apprécie votre enfant (une promenade, une partie de ballon) soit des cadeaux (une glace ou une friandise).

Avant d'aborder les récompenses, précisons qu'elles ont été récemment l'objet de critiques. Examinons brièvement les arguments pour et contre.

LES RÉCOMPENSES SONT-ELLES NÉFASTES POUR L'ENFANT ?

Selon certains auteurs, récompenser et féliciter nuit à l'enfant. D'après eux, les compliments rendent l'enfant dépendant de l'opinion d'autrui. Ils le conduisent à ne faire que ce qui peut plaire aux autres. Les récompenses, de leur côté, font de l'enfant un perfectionniste sans motivation personnelle profonde. Le tout conduit à un manque d'amour-propre et à des résultats scolaires médiocres. Pas étonnant que les parents ne sachent plus à quel saint se vouer !

Il semble que la majeure partie de ces critiques soit uniquement fondée sur l'opinion. Les faits sur lesquels elles reposent sont discutables. En fait, prétendre par exemple que les récompenses rendent l'enfant dépendant de motivations extérieures est une erreur. Examinons ces critiques plus en détail.

Critiques	**Ce que nous savons**
Utiliser les récompenses, c'est pratiquer la corruption.	La corruption sert à contraindre quelqu'un à faire quelque chose de *mal* ou d'*illégal.* Les récompenses servent à encourager l'enfant à coopérer. Elles l'aideront à l'école comme à la maison.
Félicitations et récompenses ne doivent pas être utilisées. Si un enfant est récompensé seulement quand il agit bien, cela fera de lui un perfectionniste. Seul l'encouragement doit être utilisé.	Il est exact que si un enfant est félicité uniquement quand il fait quelque chose parfaitement, cela fixera des objectifs trop élevés. Cependant, la plupart des parents félicitent l'enfant quand il fait un effort et non quand il atteint la perfection.

►

Critiques	Ce que nous savons
	Dans ce livre, j'affirme que les compliments pour les efforts sont excellents, car ils aident l'enfant à s'appliquer et à faire de son mieux. Il s'agit alors d'encouragement. Les compliments et les récompenses peuvent être utilisés pour encourager un enfant. Ce n'est pas le compliment en lui-même qui pose problème mais son objet : félicitez pour les efforts, mais PAS pour la perfection.
Les récompenses réduisent la motivation personnelle de l'enfant. Félicitations et récompenses rendent l'enfant dépendant de l'opinion d'autrui. Il recherchera alors l'approbation ou la récompense des autres. Cela entraîne une diminution de l'amour-propre et conduit à de médiocres résultats scolaires.	Cela n'est guère prouvé. Félicitations et récompenses aident les enfants à apprendre et les motivent à accomplir des tâches auxquelles ils rechignent. À mesure qu'ils font des progrès, nous réduisons les récompenses extérieures et les compliments. La motivation personnelle prend alors le dessus, ce qui est largement prouvé.
Les enfants doivent faire ce qu'on leur dit sans attendre de récompense. Si nous les récompensons, ils attendront une récompense pour tout.	Il est exact que récompenser souvent un enfant le conduit à attendre la récompense en toutes circonstances. Les petits cadeaux doivent être utilisés pour des comportements spécifiques, par exemple pour encourager l'enfant lorsqu'il a des difficultés à apprendre quelque chose. La récompense doit être abandonnée dès qu'il maîtrise cette nouvelle compétence.

Les récompenses font partie de la vie. Iriez-vous travailler si vous n'étiez pas payé ? Nous pouvons donc affirmer que félicitations et récompenses, utilisées avec modération (leur excès peut provoquer la grosse tête), ont généralement un effet positif. Les compliments faits en guise d'*encouragement* (c'est-à-dire féliciter l'enfant pour avoir donné le meilleur de lui-même et s'être appliqué – « Tu t'es vraiment donné beaucoup de mal pour faire ce puzzle », par exemple – sont très efficaces). Les compliments pour la perfection ou en comparaison à d'autres enfants – « Tu es le plus serviable de ta classe » – ne sont pas une bonne idée, car ils peuvent provoquer l'anxiété. C'est l'effort que nous voulons récompenser, pour que les enfants apprennent à faire de leur mieux.

Ayant examiné les pour et les contre, voyons de plus près les deux types de récompense.

Les récompenses sociales (les compliments)

Nous avons vu dans le chapitre précédent comment utiliser le commentaire suivi. C'est la meilleure manière d'encourager les enfants. Elle peut être utilisée fréquemment dans la journée pour montrer à l'enfant que vous avez remarqué son comportement positif. Cependant, nous devons évidemment complimenter les enfants pour leurs efforts particuliers, et leur exprimer notre fierté. Un compliment, c'est un peu comme la cerise sur le gâteau. Pas de cerise, le gâteau est terne et insipide. Trop de cerises, il est écœurant.

Certaines manières de féliciter sont meilleures que d'autres. La manière la plus répandue consiste à dire : « Bravo » ou : « C'est bien ». Nous appellerons cela le *compliment non spécifique* : c'est la manière la moins efficace de féliciter un enfant, car elle ne précise pas exactement ce que vous appréciez.

En revanche, le *compliment spécifique* consiste à dire à l'enfant précisément ce que vous appréciez. Par exemple : « Tu t'es donné beaucoup de mal pour ce dessin, il est très joli. » D'autres exemples sont donnés plus bas.

Le compliment spécifique est plus efficace pour plusieurs raisons. D'abord, il est un peu plus personnalisé et permet à votre enfant de savoir que vous l'avez réellement remarqué. Ensuite, nous avons souligné qu'il fallait accorder à l'enfant plus d'attention pour ses comportements positifs. « Bravo » ne dure qu'une ou deux secondes. « C'est bien que tu te sois habillé tout seul, bravo ! » est beaucoup plus efficace.

Autres exemples de compliments spécifiques :

• « C'est très gentil d'avoir joué sans faire de bruit pendant que je téléphonais. Merci. »

• « C'est un beau dessin. Quelles belles couleurs ! Tu es doué ! »

• « Tu es une gentille petite fille de t'être soigneusement brossé les dents. »

• « Ta maîtresse m'a dit que tu travaillais bien et que tu aimais apprendre. Je suis très fier de toi ! »

• « Tu joues avec tes Lego depuis des heures. Je sais que tout est tombé, mais c'est vraiment bien de ne pas t'être énervé. Tu t'es appliqué. »

• « Merci d'avoir aidé ton frère. Tu es une gentille fille. »

• « J'ai remarqué que tu étais partie quand ton frère s'est mis en colère et a commencé à te frapper. Tu n'as pas riposté. Tu t'es vraiment conduite comme une grande. Bravo ! »

La façon de le dire vaut mieux que ce que l'on dit

L'une de mes amies a un fils, Jérôme, deux ans et demi, qui l'inquiétait un peu parce qu'il ne savait toujours pas utiliser les toilettes. Jérôme semblait s'en désintéresser totalement et se souciait nettement moins que ses parents de porter encore des couches. Aussi, un jour, comme le font bien des parents, son père l'accompagna aux toilettes pour lui montrer comment faire pipi (après tout, rien ne vaut l'exemple, n'est-ce pas ?). Certain du résultat, le père fit sa démonstration. Jérôme le regarda faire, interloqué, ne comprenant manifestement pas de quoi il s'agissait. Et quand son père eut terminé, l'enfant leva la tête et déclara avec enthousiasme : « Bravo, papa, c'est bien ! »

Et il sortit des toilettes sans même tenter d'en faire autant.

Les psychologues ont découvert que lorsque vous faites passer un message à un enfant, comme « Je suis content de toi », les mots prononcés ne véhiculent en réalité que 7 % du sens. Les 93 % restants sont véhiculés par le ton de la voix et le langage corporel. En d'autres termes, si vous dites : « C'est fantastique », d'un ton fatigué et ennuyé depuis l'autre bout de la pièce, votre enfant jugera probablement que vous n'êtes pas vraiment sincère.

Faire passer un message positif à votre enfant consiste à dire ce qui convient – à l'aide du commentaire suivi ou du compliment spécifique – sur le ton voulu. Si vous semblez enthousiaste et intéressé, votre message sera amplifié. Montrer à travers votre langage corporel que vous êtes satisfait fera toute la différence. Rapprochez-vous de l'enfant, faites-lui un grand sourire et serrez-le dans vos bras. Les enfants sont beaucoup plus sensibles que les adultes au langage corporel.

Les récompenses spéciales

Il est exact que l'utilisation excessive des récompenses spéciales conduit à des attentes. La prochaine fois que vous demanderez à l'enfant de faire quelque chose, il risque de vous répondre : « Qu'est-ce que j'aurai en échange ? »

Cependant, les récompenses spéciales peuvent être utilisées pendant un bref laps de temps pour modifier un comportement particulier. Par exemple, si vos enfants se disputent constamment, les récompenser pour les périodes où ils s'entendent peut améliorer la situation. Si l'enfant sait que la récompense ne vaut que pour une seule chose, il ne l'attendra pas pour le reste.

Les systèmes de gratification ne doivent être qu'une solution temporaire. S'ils ne fonctionnent pas rapidement, c'est qu'ils sont mal utilisés. Si vous suivez les instructions ci-dessous, ils devraient marcher et au bout de quelques semaines, vous pourrez abandonner les récompenses.

Les systèmes de gratification fonctionnent pour les enfants à partir de trois ans. Au-dessus de neuf ans, l'argent peut accomplir des miracles, même s'il ne signifie pas grand-chose pour certains enfants. C'est toute l'astuce de la récompense : elle doit représenter quelque chose d'important pour l'enfant. Examinons maintenant les différentes astuces :

Un comportement à la fois

Commencez par traiter un comportement à la fois. Si vous avez plus d'un enfant, utilisez un système de gratification propre à chacun. Il est important d'impliquer l'enfant dans le système de gratification. C'est une négociation : vous demandez à l'enfant de faire quelque chose que *vous* désirez et, en échange, il obtient quelque chose qu'*il* désire. Tout le monde est content.

Faire passer un message positif à votre enfant consiste à dire ce qui convient sur le ton voulu.

La première chose à faire est d'expliquer ce que vous voulez que l'enfant fasse. Soyez très précis. Par exemple, si vous avez un enfant timide expliquez-lui que vous voulez qu'il joue avec les visiteurs plutôt que de se pendre à vos basques. Ou qu'il salue simplement les enfants des autres. Avec les enfants timides ou angoissés, assurez-vous de ne pas trop en demander. Par exemple, s'ils ne se sentent pas capables de dire bonjour, demandez-leur de faire un petit geste ou un sourire. Il ne sert à rien de promettre une récompense si la tâche est trop ardue pour l'enfant.

Pour les enfants au comportement difficile, choisissez simplement une situation, par exemple ranger ses jouets ou jouer gentiment avec son frère pendant un certain temps. La durée peut varier selon l'âge : de quelques minutes pour les enfants jusqu'à cinq ans à vingt minutes pour les plus âgés. Pour commencer, ce doit être précis et facile. Fixer comme objectif « Rester sage toute la semaine » est voué à l'échec.

Notez ce que vous voulez que votre enfant fasse. Il est important d'utiliser une formule du type « S'il te plaît, fais... » plutôt que « Ne fais pas... »

Ainsi, plutôt que « Arrête de faire du bruit pendant que je suis au téléphone », préférez « Joue sans bruit pendant que je suis au téléphone. »

Voici quelques exemples :

- accomplir une tâche, comme ranger les jouets après les avoir utilisés,
- ranger la chambre tous les jours,

- faire le lit,
- nourrir les animaux,
- bien se tenir à table (rester calmement assis, manger et ne pas faire de bruit),
- jouer gentiment avec son frère ou sa sœur pendant vingt minutes,
- jouer sans faire de bruit pendant que maman ou papa est au téléphone,
- parler gentiment à son frère ou à sa sœur,
- s'habiller,
- se préparer à l'heure pour l'école,
- se brosser les dents,
- prendre son bain quand on lui demande,
- ne pas interrompre papa et maman quand ils parlent ou qu'ils regardent les informations télévisées,
- jouer avec les autres enfants qui viennent à la maison : partager et attendre son tour,
- rester calme quand quelque chose ne va pas (quand un jouet est cassé, par exemple).

Négocier les récompenses

Ensuite, négociez la récompense. Passez en revue avec votre enfant la liste qui suit et identifiez les récompenses qu'il apprécie le plus. Il n'est pas nécessaire que ce soit l'achat d'un cadeau (récompense matérielle). La plupart du temps, il vaut mieux que ce soit *faire* quelque chose avec l'enfant (activité de récompense) comme jouer ou l'emmener jouer dans le parc.

Deux points importants sont à observer dans la négociation des récompenses.

1. Si vous avez discuté de la récompense et que votre enfant l'a méritée, vous devez absolument tenir votre parole. Quand je demande à certains parents si l'enfant a été récompensé, ils répondent : « Oh, j'ai oublié » ou : « Elle n'a pas demandé ». Et ensuite, ils se demandent pourquoi cela n'a pas marché.

2. Choisissez des récompenses que vous êtes disposé à offrir. Vous n'aurez peut-être pas le temps d'emmener l'enfant à la piscine, donc proposez-lui quelque chose que vous pourrez donner facilement.

Passez cette liste en revue et demandez à l'enfant s'il aime *beaucoup*, *un peu* ou *pas du tout* chaque proposition.

Pour vous aider, voici une liste de récompenses possibles.

Récompense quotidienne	**Un peu**	**Beaucoup**	**Pas du tout**
Câlin			
Jouer avec papa ou maman			
Papa ou maman raconte une histoire			
Faire une promenade			
Faire un tour dans le parc			
Faire du vélo			
Regarder mon émission préférée			
Argent			
Jeu de société (Cluedo, Monopoly)			
Friandise préférée (fruit, gâteau, chocolat, glace)			

►

Faire la cuisine avec papa ou maman			
Inviter un copain			
Sortir pour le goûter			
Jouer aux jeux vidéo			
Fabriquer quelque chose			
Récompenses spéciales	**Un peu**	**Beaucoup**	**Pas du tout**
Aller chez un copain			
Veiller tard			
Regarder une vidéo/DVD			
Aller à la plage/piscine			
Faire une randonnée			
Avoir un livre ou un jouet			
Aller au musée/bibliothèque			
Une partie de pêche			
Aller au restaurant			
Dormir chez un copain/inviter un copain à dormir			
SURPRISE			

Les points clés concernant les récompenses

- **Les récompenses doivent être spéciales et différentes de ce que votre enfant reçoit d'ordinaire.**

S'il peut avoir des frites quand il veut, par exemple, cela ne le motivera pas. Limitez les récompenses (sauf les câlins) autant que possible pour leur conserver leur caractère spécial. Faites de même avec l'argent. Si vous achetez tout ce qu'il veut à votre enfant, l'argent ne signifiera pas grand-chose pour lui.

- **Donnez les récompenses dès que possible une fois que l'enfant les a méritées.**

S'il s'agit de quelque chose que vous ne pouvez donner sur-le-champ, comme une visite au musée ou une sortie à la plage, commencez immédiatement à prévoir l'événement avec l'enfant et à discuter de ce que vous ferez une fois sur place.

• **Variez les récompenses le plus possible.**

Les enfants se lassent vite si la récompense est toujours la même.

• **Utilisez le tableau des pages 77-78 en commençant par les récompenses quotidiennes.**

Vous pouvez réserver les récompenses spéciales pour la fin ou pour un effort particulier.

• **N'oubliez pas de complimenter votre enfant également.**

Les félicitations signifient plus pour lui que la récompense.

Le tableau des récompenses

Utilisez le tableau des pages 77-78. Chaque fois que votre enfant a mérité une récompense, cochez la case. Félicitez-le et montrez-lui que vous cochez la case. Les cases vierges signifient que votre enfant ne reçoit pas de récompense spéciale. Vous devez le lui expliquer très soigneusement.

Quand une case est cochée, assurez-vous que votre enfant a droit à de généreux compliments spécifiques et des câlins. Faites-lui comprendre qu'il approche de la surprise spéciale. Quand le moment est venu de cocher une case SURPRISE, donnez-lui une récompense. Faites-le le plus vite possible et ne l'oubliez pas, sinon, la fois suivante, votre enfant pourrait « oublier » de bien se tenir.

Il est possible que votre enfant désire quelque chose tout particulièrement : vous le réserverez donc pour la toute dernière surprise. Dites-lui que c'est ce qu'il obtiendra quand tout le tableau sera rempli.

L'avantage de ce tableau est qu'au début, l'enfant n'a aucune peine à obtenir une récompense. Petit à petit, à mesure qu'il apprend à mieux se comporter, les récompenses ne sont plus aussi fréquentes. Et au bout d'un certain temps, elles sont abandonnées.

Un autre tableau de récompenses peut être utilisé si votre enfant désire tout particulièrement quelque chose (un jouet, par exemple, que vous lui offririez probablement de toute façon). Dessinez le jouet en question et divisez-le en une dizaine de cases (moins pour les plus jeunes enfants, davantage pour les plus âgés qui désirent quelque chose de plus coûteux et sont en mesure d'attendre plus facilement). Chaque fois que votre enfant accomplit la tâche convenue, faites-lui colorier la case. Rangez le tableau entre chaque séance, car la tentation risque de devenir trop forte et l'enfant de colorier quand vous avez le dos tourné.

En résumé

- Compliments et récompenses font partie de la vie et peuvent se révéler très utiles.
- Le compliment utilisé comme encouragement à l'effort est plus efficace que lorsqu'il n'est formulé uniquement quand l'enfant a réussi quelque chose.
- Les récompenses matérielles ou les activités peuvent être utilisées temporairement pour modifier un comportement.
- Les tableaux de récompenses peuvent être utiles pour encourager le comportement coopératif.
- Au début, il vaut mieux proposer des récompenses faciles à gagner, plutôt que difficiles ou impossibles.

Chapitre 6
Envoyer des messages clairs

Votre enfant remarquera plus ou moins ce que vous lui demandez selon la manière dont vous le ferez. Bien des parents d'enfants difficiles perdent rapidement patience et la maîtrise d'eux-mêmes. Qui accuse-t-on ensuite d'être insupportable ? L'enfant, évidemment.

Comment les enfants savent-ils que papa ou maman ne se maîtrisent pas ? Comme nous l'avons souligné au chapitre précédent, les enfants perçoivent mieux que la plupart des adultes le langage corporel. Ils voient les parents s'énerver, serrer les mâchoires et gesticuler. Beaucoup de parents « rouspètent » : ils parlent vite, sans s'interrompre et radotent pendant des heures et des heures... D'ailleurs, des études faites sur cette attitude ont découvert que rouspéter irrite considérablement les enfants et fait *empirer* leur comportement. À peine un parent commence-t-il que les enfants pleurnichent davantage ou que leurs colères se prolongent, soit tout le contraire du but recherché. En pareil cas, les enfants ont nettement moins de chances de faire ce qu'on leur dit et bien plus de discuter, répondre et s'entêter.

Le meilleur entraînement pour sembler maître de soi est de regarder des films où les acteurs sont totalement impassibles. Certains classiques sont excellents. Prenez par exemple Clint Eastwood dans *L'Inspecteur Harry* ou Sigourney Weaver dans

Alien. Observez comment ils gèrent le conflit. Pour commencer, ils ne rouspètent pas. En fait, ils parlent d'ailleurs souvent très peu et de manière lente et mesurée. Les répliques comme : « Je reviendrai » ou : « Ne te gêne pas pour moi » sont prononcées d'un ton égal, très calmement. Notez également qu'ils bougent très peu. Leurs mouvements sont lents et détendus, comme s'ils avaient tout le temps qu'ils voulaient. Ils ne gesticulent pas. Enfin, au moment crucial de la lutte, ils fixent leurs adversaires sans ciller. Observez leur manière de s'y prendre et entraînez-vous à jouer l'acteur de cinéma la prochaine fois que vous êtes en conflit avec votre enfant.

Rouspéter irrite considérablement les enfants et fait *empirer* leur comportement.

Voici également quelques autres astuces lorsque vous donnez des consignes aux enfants.

Attirez l'attention de l'enfant

Certains enfants font les sourds quand vous essayez de leur dire quelque chose. Pour éviter cela :

1. restez devant l'enfant ;

2. commencez en prononçant son prénom. Cela attirera son attention. (Si vous lui donnez un ordre comme « Va te brosser les dents, Ben », l'enfant risque de ne faire attention que lorsqu'il entend son prénom. Il n'aura donc pas perçu l'instruction qui précède. Dire « Ben » en premier éveillera son attention et il écoutera ;

3. gardez le contact visuel ;

4. donnez l'instruction.

Soyez concis, clair et précis

Essayez d'éviter les instructions longues et vagues. Donner à un enfant une explication détaillée est important si vous lui demandez de faire quelque chose de nouveau. Par exemple, lorsque vous lui montrez comment se servir d'un ordinateur, vous devez prendre le temps de lui expliquer comment faire et pourquoi. Cependant, la plupart des instructions concernent des gestes du quotidien que vous lui avez demandés des centaines de fois et qui n'exigent aucune explication. Si vous lui demandez de venir prendre son bain, ce que vous faites depuis cinq ans, il n'est pas nécessaire de se lancer dans une longue explication. Restez bref.

« Jacques, viens prendre ton bain » suffit amplement.

Si votre enfant vous répond : « Pourquoi ? » en pareil cas, c'est souvent une tactique pour gagner du temps. Vous ne devez pas vous sentir coupable de dire : « Parce que je te le dis. »

Si vous avez plusieurs instructions, donnez-les une par une. Utilisez l'attention positive chaque fois que votre enfant coopère, puis passez à l'instruction suivante.

Ne demandez pas

À notre époque qui exige le consensus avant d'agir, nous avons pris l'habitude de poser constamment des questions. C'est très bien si vous voulez donner à l'enfant le choix. Des problèmes surviennent si vous voulez vraiment qu'il fasse quelque chose, comme aller se coucher.

En ce cas, « Timothée, mon chéri, que dirais-tu d'arrêter de regarder la télévision et d'aller au lit ? » ne conviendra donc pas. Il risque de répondre tout bonnement : « Non, ça va, maman, je le ferai plus tard. »

Préférez un ordre direct. Vous n'avez pas à le rendre désagréable. Il suffit de véhiculer le message qu'il n'y a pas le choix et que certaines choses doivent être faites.

« Timothée, range tes affaires maintenant, s'il te plaît » convient très bien et ne donne pas le choix.

Une autre erreur répandue consiste à dire « on ». Par exemple : « Allez, on range les jouets. » On signifie implicitement « nous », et donc « Nous allons ranger tes jouets ». C'est très bien si vous avez l'intention de le faire avec l'enfant. Devinez qui aura le plus gros du travail !

Concentrez-vous sur le positif

Les instructions qui enjoignent à un enfant de *ne pas* faire quelque chose sont assez inefficaces.

« Arrête de discuter ce que je dis. »
« Arrête de te chamailler. »
« Ne sois pas un vilain garçon. »

Ce genre d'instructions disent à votre enfant ce que vous ne voulez pas qu'il fasse, mais elles ne lui disent pas quel comportement vous voulez qu'il prenne. Il vaut nettement mieux dire exactement à votre enfant ce que vous voulez qu'il fasse.

« Axel, écoute ce que je suis en train de te dire. »
« Samuel et Alice, prenez votre tour pour vous servir de l'ordinateur. Je vérifierai que personne n'est lésé. »
« Jonathan, reste assis, ne galope pas partout. »

Ces instructions sont beaucoup plus claires et disent à votre enfant exactement ce que vous attendez de lui. Lisez le tableau suivant et cherchez pourquoi les instructions incorrectes sont mauvaises.

Instructions incorrectes	Instructions correctes
Range tes jouets, s'il te plaît, Laura.	Laura, range tes jouets, s'il te plaît.
Ben, arrête de m'agacer.	Ben, ne fais pas de bruit quand je suis au téléphone.
Tu veux bien aller te coucher maintenant, Illéana ?	Illéana, va te coucher maintenant, s'il te plaît.
Tu peux ranger tes jouets ? Et quand ce sera fait, tu peux ranger ta chambre ? Tu as laissé plein d'affaires dehors, tu veux bien aller les chercher ?	Marie, range tes jouets, s'il te plaît... C'est bien, tu as tout rangé, c'est beaucoup mieux. Maintenant, ramasse les vêtements par terre dans ta chambre... Bravo, tu es une gentille fille.

RIEN NE VAUT L'ENTRAÎNEMENT

Pour commencer, il vaut mieux vous entraîner à donner des instructions quand votre enfant est le mieux disposé à coopérer. Attendez qu'il soit de bonne humeur. Ne demandez que de petites choses qui requièrent peu d'efforts et dont vous êtes relativement sûr qu'il les accomplira. Voici quelques exemples :

« Alice, ouvre-moi la porte, s'il te plaît. »
« Antoine, passe-moi un mouchoir, s'il te plaît. »
« John, passe-moi le crayon qui est là-bas, s'il te plaît. »
« Catherine, va promener le chien, s'il te plaît. »

Lorsque vous mettez ces instructions en pratique, assurez-vous d'utiliser le compliment spécifique dès que l'enfant coopère. L'idée est de provoquer la situation afin de donner une instruction qui sera suivie à coup sûr. Ensuite, accordez-lui votre attention positive. Cela modifiera progressivement et positivement l'équilibre des interactions. Au lieu d'interactions négatives, vous mettez en place des interactions positives.

En résumé

- Rouspéter fait empirer le comportement.
- Attirez l'attention de l'enfant en commençant vos phrases par son prénom.
- Quand vous donnez une instruction, soyez concis, clair et précis.
- Ne demandez pas.
- Concentrez-vous sur le positif.
- Donnez à l'enfant des instructions très faciles qu'il acceptera facilement, comme « Phil, passe-moi un mouchoir ». Cela vous donnera l'occasion de le féliciter.

CHAPITRE 7
GÉRER LA DÉSOBÉISSANCE

Aujourd'hui, l'accroissement de la délinquance est souvent mis, en général, sur le compte du manque de discipline. Le châtiment corporel n'est plus utilisé dans les écoles occidentales et, petit à petit, apparaissent des lois interdisant aux parents de gifler les enfants. Si le châtiment corporel est devenu hors la loi, c'est parce que nous n'avons pas toujours très bien protégé les enfants par le passé. En Angleterre, la Société protectrice des animaux a été fondée soixante ans avant qu'une organisation similaire s'occupe des enfants (La Société nationale pour la prévention de la cruauté envers les enfants).

Si nous considérons l'histoire de l'éducation (voir ci-dessous), il ne fait aucun doute que les générations précédentes ont eu de grandes difficultés à contrôler le comportement des enfants. Voici comment pourraient être formulées leurs tentatives :

1950	→	Les ignorer
1960	→	Les gifler
1970	→	Les gifler affectueusement
1980	→	Les gâter

1990	→	Ne rien faire : les laisser être eux-mêmes
2000	→	?

De nos jours, la discipline demeure une grande question. Nombre de professeurs déclarent que le comportement de leurs élèves est le problème n° 1 des écoles actuelles.

Quelle est la meilleure manière de gérer un enfant qui ne fait pas ce qu'on lui dit ? Faut-il l'ignorer, le gifler, raisonner avec lui, lui donner de l'amour ou essayer de l'aider à résoudre le problème ?

Les psychologues déclarent souvent : « Il faut tout un village pour élever un enfant. » Cette phrase suscite l'image de tribus pacifiques et de cultures anciennes vivant en harmonie avec la nature, d'enfants qui gambadent en riant et d'adultes toujours disponibles pour les aider et les protéger. S'il ne fait aucun doute que certaines cultures et tribus avaient ce comportement éclairé, ce n'était pas le cas en général. Dans la Rome antique, les pères avaient le droit de supprimer un nouveau-né ou tout autre de ses enfants. Ils étaient cependant contraints d'élever exclusivement des garçons (pour la guerre) ainsi qu'une fille aînée (pour élever les suivants). Dans bien des cultures anciennes, l'infanticide était pratiqué, notamment si le bébé était faible, déformé ou de sexe féminin. L'abandon était une manière de gérer les « enfants à problèmes ».

Au XVIIIe siècle, une manière de garder les enfants dans « le droit chemin » était de les faire assister aux pendaisons publiques. Parfois, c'était même l'école qui les y emmenait pour leur faire voir ce qui arrivait lorsqu'on enfreignait la loi.

Les méthodes de discipline

Les enfants se comportent mal pour deux grandes raisons :

1. La plupart de nos instructions concernent des choses que les enfants ne veulent pas faire.

- « Ramasse tes jouets ! »
- « Arrête de jouer et prépare-toi ! »
- « Éteins la télé et va te brosser les dents. »

Certains enfants apprennent qu'en piquant une colère et en rendant la vie impossible à leurs parents, ils peuvent s'en tirer à bon compte. S'ils y parviennent, ils continueront.

2. Les enfants adorent qu'on leur consacre de l'attention. Vous pensez peut-être qu'ils y ont déjà largement droit, mais l'attention est un peu comme l'argent : même lorsqu'on en a beaucoup, on en veut toujours plus.

Comme nous l'avons vu au chapitre 4, les enfants reçoivent quatre fois plus d'attention en désobéissant qu'en cas de comportement positif.

Dans les précédents chapitres, nous avons étudié les manières d'accroître l'attention pour les comportements positifs et comment donner des instructions correctes. Cela constitue la base de ce chapitre. Toute méthode de discipline doit prendre en compte les deux points qui précèdent. L'enfant ne doit pas rester impuni en cas de désobéissance. En outre, il ne doit pas bénéficier d'un surcroît d'attention lorsqu'il ne coopère pas. Examinons quelques méthodes de disciplines communes.

Expliquer et raisonner

Si votre enfant est confronté à une situation nouvelle et ne sait pas comment réagir, bien évidemment, vous devez lui donner des explications. Par exemple, lorsque vous avez emmené pour la première fois votre fille de trois ans au zoo, elle a voulu escalader l'enclos des ours parce qu'elle les trouvait mignons, et vous avez dû lui expliquer (après vous être calmé) qu'ils n'étaient pas comme ceux des dessins animés.

En revanche, la plupart des situations quotidiennes ne nécessitent aucune explication. Vous avez probablement déjà expliqué une dizaine de fois ces questions familières et il n'est pas nécessaire de recommencer. Avec certains enfants, le raisonnement fonctionne bien, mais avec d'autres... eh bien, ils ne sont parfois tout bonnement pas raisonnables. En outre, raisonner revient à accorder à votre enfant un surcroît d'attention en cas de comportement difficile.

Discutez avec votre enfant, certes, mais attendez qu'il soit calmé et se taise. Essayer d'expliquer et de raisonner un enfant en pleine crise de colère a toutes les chances d'échouer. Cela conduit souvent à une dispute, ce qui signifie que l'enfant en est quitte pour ne pas faire ce qu'on lui demande. Enfin, si vous laissez constamment un enfant ergoter, il comprend que ce n'est plus vous qui maîtrisez la situation, mais lui.

Nombre de professeurs déclarent que le comportement de leurs élèves est le problème n° 1 des écoles actuelles.

Rouspéter

Nous avons abordé la question au chapitre 6 – lorsque vous vous mettez à radoter et à ressasser les mêmes griefs pendant des heures...

« Écoute, je t'ai dit de ranger tes jouets. Pourquoi ne fais-tu pas ce que je te dis ? Tu restes là pendant que je fais tout à ta place et quand je te demande la moindre bricole, tu refuses de bouger. Eh bien, je ne vais plus rien faire à ta place. C'est terminé. Et si tu ne ramasses pas tes jouets, plus jamais je ne t'emmènerai en acheter d'autres... »

Comme nous l'avons dit, non seulement rouspéter ne fonctionne pas, mais cela fait empirer le comportement de l'enfant. Ne vous étendez donc pas sur un sujet. Essayez d'éviter, c'est une perte de temps.

Gifler

Un ami était agacé par le comportement de son fils de sept ans lors d'un pique-nique. Comme ses choix étaient limités, puisqu'il ne pouvait pas l'envoyer dans sa chambre, il le menaça d'une gifle.

« Mais papa, fut la réponse. À quoi ça sert ? Ça ne va me rendre que plus insupportable ! »

Les enfants font la comédie pour susciter une réaction, et une gifle en est sans conteste une. Souvent, le parent comme l'enfant n'en sont que plus irrités. Vous vous sentez coupable et votre enfant continue de pleurer (si ce n'est davantage). En outre, les enfants copient leurs parents. Si vous giflez votre enfant quand vous êtes en colère ou agacé, vous lui enseignez que l'agression est votre manière de gérer colère et frustration. La prochaine fois que l'enfant sera fâché ou agacé par son frère ou un autre enfant, il risque d'imiter votre comportement et de l'agresser à son tour. Ce qui n'est manifestement pas le but recherché.

Les parents crient et frappent quand ils sont en colère. La colère peut être un grave problème. C'est un facteur précurseur d'accidents cardiaques qui peut être pire que l'excès de cholestérol, mais aussi un facteur de rupture familiale. Les parents coléreux produisent des enfants coléreux qui ne jouiront pas d'un bon équilibre physique ou affectif.

Les cris et les hurlements

La plupart des parents d'aujourd'hui ne veulent pas gifler leurs enfants. Cela laisse une désagréable impression pendant longtemps. Comme bien des parents ne savent pas trop quoi faire d'autre, ils se résignent à crier. Comme me le disait une mère à qui je demandais comment elle gérait les désobéissances de son fils : « Oh, je suis du genre qui hurle. » Malheureusement, crier et hurler est une autre manière de montrer à votre enfant que vous perdez le contrôle de la situation.

En fait, ce qui se passe, c'est que vous piquez une colère parce que votre enfant en pique une. Essayer d'obliger un enfant à maîtriser sa colère en perdant votre sang-froid n'arrange pas la situation. Évidemment, cela signifie également que l'enfant est le centre de l'attention.

Vous êtes le modèle le plus important pour votre enfant. À tout âge, celui-ci imite ses parents. Si votre enfant voit que vous criez et hurlez quand vous êtes en colère, il fera de même.

Je bricolai. Martin (trois ans) me regardait. J'ai glissé dans la sciure, je me suis coupé et j'ai poussé des jurons.

Martin : Quoi ?

Papa : Oh, rien. Papa se tient mal, c'est tout.

Martin : C'est pas grave, papa. Moi aussi je sais me tenir mal !

Pour vous rappeler facilement de ne pas crier, portez un élastique à votre poignet. Si vous vous entendez crier, tirez dessus pour le faire claquer. C'est un peu douloureux, mais c'est efficace et vous arrêterez rapidement.

Aider l'enfant à résoudre les problèmes

Nous examinerons la résolution de problèmes en détail dans la troisième partie. C'est une compétence très importante à inculquer aux enfants (vous pouvez commencer vers l'âge de trois ans, mais c'est également possible avec des enfants plus jeunes). Cependant, tout comme on n'enseigne pas à un enfant les mathématiques ou la lecture quand il est en pleine crise, il n'est pas plus productif d'enseigner la résolution de problèmes en pareil cas. Votre enfant est trop agité pour apprendre et vous serez vous-même trop stressé pour être efficace. Il est parfois possible de recourir à la résolution de problèmes si vous sentez que l'enfant est *sur le point* de piquer une colère ou de frapper quelqu'un. Si vous intervenez juste avant qu'il adopte un comportement agressif, cela peut fonctionner. Cependant, il vaut généralement mieux enseigner cette compétence (comme toutes les autres) lorsque l'enfant est calme.

LES OBJECTIFS DE CHANGEMENT

Prenez quelques minutes pour vous demander ce que vous désirez changer. Avant tout, que voudriez-vous changer dans votre propre comportement ? Voudriez-vous moins :

- rouspéter ?
- crier ?
- gifler ?

Ensuite, pensez à ce que vous souhaitez changer dans le comportement de votre enfant. Voudriez-vous diminuer :

- son comportement agressif et les disputes ?
- son attitude de défi et sa tendance à répondre ?

- les discussions sans fin ?
- le comportement désobéissant ?
- les crises de colère ?

Notez vos objectifs sur une feuille.

Nous allons maintenant examiner quelques méthodes vous permettant de les atteindre. Le problème le plus répandu des méthodes de gestion du comportement de l'enfant que nous avons déjà mentionnées est qu'elles accordent toutes à l'enfant un surcroît d'attention pour son comportement négatif. Cela signifie-t-il qu'il faut ignorer un tel comportement ? Eh bien, la réponse est nuancée.

Ignorer

Ignorer semble facile, mais en pratique, cela peut se révéler difficile. En outre, ce n'est *pas* utile pour les comportements agressifs ou la désobéissance.

Ignorer est souvent recommandé pour les disputes entre frères et sœurs. Cependant, il est rare qu'ils puissent résoudre ce genre de conflits s'ils sont laissés à eux-mêmes. En outre (sauf pour les jumeaux), intervient la différence d'âge et de force. L'enfant le plus fort gagne presque constamment et apprend ainsi que l'agressivité paie. Le plus jeune ou le plus faible devient une victime à long terme, se convainquant qu'il n'a aucune possibilité de jamais gagner.

Ignorer est également inutile en cas de désobéissance. Si l'enfant refuse de ramasser ses jouets comme vous le lui avez demandé, que se passe-t-il si vous l'ignorez ? Il ne ramassera toujours pas ses jouets et aura réussi à se soustraire à la tâche que vous lui avez demandée.

Dans quel cas ignorer est-il utile ? Dans celui des comportements de recherche d'attention comme les pleurnicheries et les crises de colère. Même dans ces situations, ignorer n'est pas facile. Pour commencer, quand vous ignorez une crise de colère, elle ne fait généralement que s'aggraver avant de se calmer. Si vous y prêtez attention ou si vous cédez au moment où la crise empire, vous aurez simplement appris à votre enfant qu'il doit faire encore plus de bruit pour vous faire céder. Voici les quatre règles principales à observer :

1. ne regardez pas l'enfant. Il vaut mieux lui tourner le dos et quitter la pièce (à condition d'être certain qu'il ne court pas de danger) ;

2. ne dites rien. Ne lui répétez pas de s'arrêter ;

3. n'ayez aucun contact physique. En fait, gardez vos distances ;

4. commencez à l'ignorer dès que la crise commence. Continuez jusqu'à ce qu'il arrête. C'est le moment le plus difficile, car la crise empire avant de diminuer. Si votre enfant se met à faire quelque chose de dangereux, passez immédiatement à la suspension (voir page 98).

Si vous avez plus d'un enfant, vous remarquerez souvent que l'un reste calme lorsque l'autre pique une crise. Pourtant, en tant que parents, c'est à l'enfant qui se conduit mal que nous accordons le plus d'attention. Nous enseignons donc aux deux enfants que piquer une colère attire l'attention, mais que bien se tenir ne donne pas de résultat. La prochaine fois qu'une telle situation se produit, tournez le dos à l'enfant qui pique une colère et accordez toute votre attention à celui qui reste calme. Votre enfant agité apprendra rapidement que ses crises ont le résultat inverse de celui qu'il désire.

La suspension

Si le principal problème de votre enfant est la désobéissance ou l'agressivité, la suspension est la meilleure solution. Beaucoup de parents ont entendu parler de cette technique et la plupart l'ont utilisée sous une forme ou une autre. Si l'on souhaite des résultats, elle doit être pratiquée systématiquement, comme exposé ci-après.

La suspension est une brève période durant laquelle votre enfant est envoyé dans un endroit tout seul pour qu'il se calme. En pareil cas, il ne reçoit de vous aucune attention positive. Le lieu choisi doit être ennuyeux et la durée relativement courte. L'allonger ne la rend pas plus efficace. Il est préférable de pratiquer la suspension dix fois durant de courtes périodes qu'une seule fois sur une longue durée.

Le choix du lieu de la suspension

Le facteur le plus important est de choisir un endroit le plus ennuyeux possible. Votre enfant ne doit recevoir aucune attention et ne pouvoir ni regarder la télévision ni jouer à des jeux intéressants.

L'endroit le plus courant est la chambre de l'enfant. Le principal problème est qu'il risque de s'occuper avec ses jouets. Sans compter que bien des enfants ont dans leur chambre télévision et consoles de jeux. Une solution consiste à ôter leurs jouets préférés quand ils sont en suspension.

D'autres parents craignent qu'en pareil cas, la chambre de l'enfant soit associée à la punition. Cela peut être juste pour les enfants de moins de deux ans, mais les plus âgés peuvent percevoir la différence entre être envoyé dans sa chambre par punition et y aller pour d'autres occasions.

S'il n'est pas possible d'utiliser la chambre, vous pouvez prendre tout autre pièce qui ne présente pas de danger. Évitez en conséquence les toilettes, la salle de bains ou la buanderie, qui contiennent trop de choses dangereuses. La chambre des parents est une possibilité.

Une chaise posée dans le couloir ou près d'un mur est une bonne solution si l'enfant accepte d'y rester sans opposer de résistance. Assurez-vous que c'est une chaise d'adulte pour que ses pieds ne touchent pas le sol et qu'il ne puisse donc pas la déplacer facilement. En fait, rester assis sur une chaise pendant quelques minutes sans rien faire est *la meilleure* solution pour la suspension, car c'est véritablement ennuyeux. Cependant, si vous devez surveiller l'enfant ou le contraindre, vous manquerez votre objectif, puisque vous accorderez énormément d'attention à l'enfant.

Il est important de suivre soigneusement la procédure de suspension détaillée ci-dessous. Sinon, elle ne fonctionnera pas.

Étape n° 1 : préciser le comportement

Expliquez précisément à quoi servira la suspension. Avant de commencer, il importe de bien séparer le comportement et l'enfant, comme expliqué au chapitre 3 (n'oubliez pas que « l'objectivation » du problème ne peut être utilisée qu'avec les enfants de plus de quatre ans). Si le principal problème est la désobéissance et les crises, vous pouvez dire que la suspension concerne le « monstre des crises » (ou utilisez le nom que l'enfant a choisi). S'il est agressif, que la suspension concerne le « monstre de la colère ». Vous pouvez expliquer que ces monstres n'aiment pas la suspension, qu'après quelques minutes ils s'affaiblissent et que c'est donc plus facile de les vaincre.

Il vaut mieux cibler le comportement de défi ou l'agressivité en premier. Si votre enfant est souvent agressif, vous chercherez à l'en empêcher afin que cette habitude ne devienne pas systématique, y compris à l'école. Vous travaillerez ensuite sur le « monstre de la colère ». Si votre enfant a une attitude rebelle, discute et répond, cela signifie qu'il ne respecte pas votre autorité. Dans ce cas, vous devez travailler sur le « monstre de l'insolence ».

Si la désobéissance est votre principal problème, la technique de la suspension peut être utilisée comme nous allons le voir ci-après.

Les cartons rouges

L'erreur la plus répandue des parents, lorsqu'ils utilisent la suspension, ou tout autre système punitif, est de donner trop d'avertissements. Une bonne manière d'éviter cet écueil est de se calquer sur le règlement du football, où un carton rouge signale les graves infractions. Aucun avertissement n'est formulé, parce que les joueurs savent déjà exactement quelles infractions méritent le carton rouge – frapper un adversaire ou argumenter avec l'arbitre, par exemple. Le joueur est alors expulsé du terrain. Pas de si, de mais ou de discussion. Pour les autres infractions, un carton jaune est utilisé en guise d'avertissement, et cela *une et une seule* fois. Si un joueur a mérité un carton jaune et commet une autre infraction, il reçoit automatiquement un carton rouge.

Deux infractions méritent un carton rouge chez les enfants :

1. le comportement agressif,

2. l'attitude rebelle (répondre).

Le comportement agressif mérite un carton rouge parce qu'il peut se révéler grave. En outre, si vous donnez des avertissements pour ce comportement, vous risquez de développer l'attitude suivante :

On m'a demandé d'examiner, à la maternelle, un enfant de quatre ans particulièrement agressif, Tom. À la moindre provocation (et parfois sans aucune provocation), il frappait les autres enfants, leur jetait des objets ou renversait leurs constructions. Il donnait même des coups de pied et crachait sur les professeurs.

Lorsqu'il se montrait agressif, il recevait un avertissement auquel il ne prêtait apparemment guère attention. Il semblait se calmer brièvement, puis reprenait son comportement agressif. Il recevait alors un deuxième avertissement. Là encore, il se calmait vingt minutes et recommençait. Et ainsi de suite. Durant la matinée, j'ai pu compter plus de dix actes agressifs graves et autant d'avertissements. À aucun moment Tom n'a été puni. On lui parlait et on l'avertissait. En réalité, il recevait un surcroît d'attention et les avertissements n'avaient aucun effet.

Au football, si un joueur en frappe un autre ou lui crache dessus, il reçoit aussitôt un carton rouge. Ce système fonctionne également très bien pour les actes agressifs des enfants à la maison. En d'autres termes, votre enfant est envoyé directement en suspension sans autre avertissement.

Lorsque deux enfants se battent, il est inutile d'essayer de déterminer qui a commencé. Vous aurez deux versions diamétralement opposées. Envoyez les deux en suspension (dans deux lieux différents). Même si un seul a frappé, l'autre l'a probablement provoqué, donc ils méritent l'un et l'autre la punition.

L'autre infraction méritant un carton rouge au football est de discuter les décisions de l'arbitre ou de l'insulter. Si ces comportements n'étaient pas sévèrement réprimés, l'arbitre ne maîtriserait plus le jeu. De la même manière, l'attitude rebelle (discuter les ordres de papa ou maman – les arbitres – ou leur répondre) doit être considérée comme méritant un carton rouge à la maison. Et également la suspension immédiate sans avertissement.

• Discutez des comportements avec votre enfant et informez-le que tout acte agressif ou rebelle lui vaudra aussitôt un carton rouge et la suspension. Oui, il trouvera cela amusant les premières fois, mais cela lui passera.

• Vous pouvez punaiser une liste des règles sur sa porte. S'il ne sait pas lire, dessinez-la.

• La première semaine, vous pouvez lui rappeler les règles chaque matin dès le lever. Ensuite, chaque fois que son comportement se reproduit à la maison (nous verrons plus loin comment gérer un comportement à l'extérieur), emmenez l'enfant dans la pièce de suspension. Pour les infractions méritant un carton rouge, AUCUN AVERTISSEMENT N'EST DONNÉ.

• Vous pouvez fabriquer un carton rouge portant les termes agression et/ou rébellion et/ou insolence (ou ceux des monstres correspondants). Il signifie que dès que votre enfant est dominé par le monstre, il est envoyé immédiatement en suspension.

• Ne sermonnez pas. Contentez-vous de dire, par exemple : « Non, le monstre de la colère a pris le dessus, file en suspension. »

• Si votre enfant n'y va pas, emmenez-le. S'il est assez petit, portez-le si nécessaire.

Les cartons jaunes

Un carton jaune est légèrement moins grave qu'un rouge. Il est surtout utilisé pour le comportement le plus courant : la désobéissance.

Un carton jaune joue le rôle d'un avertissement. Un second carton jaune est équivalent à un rouge et signifie que votre enfant est immédiatement envoyé en suspension. Voici comment cela fonctionne : la désobéissance commence par une instruction (assurez-vous qu'elle est correcte – voir chapitre 6).

« Lisa, ramasse tes jouets, s'il te plaît. »

Attendez cinq secondes. S'il n'y a aucune réaction, considérez qu'il s'agit d'un carton jaune. Montrez le carton.

« Lisa, si tu ne ramasses pas tes jouets, tu seras envoyé en suspension. »

Attendez cinq secondes. Si l'enfant ne coopère toujours pas, brandissez le carton rouge et emmenez-le en suspension.

Si l'enfant coopère avant la sortie du carton rouge, n'oubliez pas de le féliciter. Cependant, si vous le montrez et que l'enfant finit par accepter, il est trop tard. Vous devez toujours le suspendre.

Étape n° 2 : utilisez un minuteur

L'un des appareils les plus utiles pour la gestion du comportement est le minuteur de cuisine. Il est très bon marché et très précieux pour mettre en place la suspension. Placez-le devant la porte de la pièce de suspension pour que l'enfant puisse entendre sa sonnerie.

Une mère avec qui j'ai travaillé avait envoyé son enfant en suspension. Une de ses amies lui téléphona et elles bavardèrent un long moment, puis elle retourna à sa cuisine. C'est seulement au bout d'un certain temps qu'elle se demanda pourquoi son petit garçon habituellement si turbulent faisait aussi peu de bruit. Puis elle se rappela qu'il était en suspension. Cela faisait plus d'une heure. Après cet incident, elle acheta un minuteur qu'elle déposa devant la porte de la chambre pour que son enfant et elle puissent entendre la sonnerie marquant la fin de la période de suspension.

Un minuteur est également utile parce qu'il empêche votre enfant d'appeler régulièrement : « Je peux sortir, maintenant ? » Vous lui expliquez qu'il doit attendre que la sonnerie retentisse. Beaucoup d'enfants quittent la pièce de suspension quand ils en ont envie. Si vous n'avez pas fixé une durée, ils ne sont pas réprimés. Cependant, cela signifie que c'est l'enfant qui maîtrise la situation et non pas vous. En utilisant une minuterie, la durée de la punition est claire. C'est vous qui dirigez. Il est très important de ne prêter aucune attention aux cris et aux appels de l'enfant qui est suspendu.

Combien de temps la punition doit-elle durer ? Une bonne méthode consiste à prendre UNE minute pour CHAQUE ANNÉE d'âge. Sinon, certains spécialistes avancent que quatre à cinq minutes représentent une durée raisonnable pour les enfants jusqu'à dix ans.

Précisez à l'enfant qu'il peut sortir quand il est calmé et que la sonnerie retentit.

La suspension peut également servir de temps en temps pour les tout-petits (de dix-huit mois à trois ans), mais seulement pour les comportements dangereux. Si c'est la chambre qui sert de pièce de suspension, mettez l'enfant dedans pour une ou deux minutes. Laissez la porte ouverte. S'il sort continuellement, ramenez-le dedans et fermez la porte – mais seulement très peu de temps : une trentaine de secondes. Ensuite, attendez qu'il reprenne son souffle, ouvrez rapidement la porte et dites : « Très bien, tu es calme, tu peux sortir, maintenant. »

Étape n° 3 : ne laissez l'enfant sortir que lorsqu'il est calme

Votre enfant ne peut quitter la pièce de suspension que lorsque la sonnerie retentit *et* qu'il ne fait plus de bruit. S'il n'est pas calmé, il n'entendra de toute façon probablement pas la sonnerie : c'est donc une bonne manière de l'encourager à se taire.

Si vous laissez l'enfant sortir avant qu'il se soit calmé, le monstre de la colère le domine toujours. Attendez que l'enfant ait gagné la bataille contre le monstre, même si ce n'est qu'un répit.

Si votre enfant continue de pleurer ou de crier après la sonnerie, dites, par exemple : « Tu pourras sortir quand tu seras calmé. » Attendez ensuite que l'enfant se soit tu pendant une courte période (une ou deux secondes) avant de lui dire qu'il peut sortir.

Si votre enfant continue de crier bruyamment, une autre solution consiste à remettre le minuteur à zéro et de le lui faire savoir.

Si l'enfant ne veut pas sortir de la pièce de suspension, ce n'est pas grave. Il peut y rester tout le temps qui lui plaît.

Un enfant que j'avais comme patient était très calme quand le minuteur sonna. Sa mère lui déclara qu'il pouvait sortir, mais elle n'eut aucune réponse et la porte ne s'ouvrit pas. Il n'y avait aucun bruit dans la pièce. Au bout d'un moment, elle fut surprise de le trouver en train de jouer dehors. Il s'était échappé par la fenêtre.

Un autre enfant avait eu une réaction différente. Il barricada la porte pour que ses parents ne puissent pas entrer. Beaucoup d'enfants refusent de sortir durant un certain temps à la fin de la suspension, mais là, c'était un comportement un peu extrême. C'était un peu comme un détenu qui refuse de quitter la prison à la fin de sa peine. Heureusement, les parents se contentèrent de l'ignorer, et au bout d'un petit moment, il défit la barricade et sortit. S'ils avaient fait un drame et tenté de forcer l'entrée, il aurait fait en sorte de résister et aurait savouré ce surcroît d'attention.

Étape n° 4 : après la suspension

Si votre enfant a été envoyé en suspension pour un carton rouge, après la punition, comportez-vous normalement. Ne le sermonnez pas, ne passez pas un long moment à expliquer. Ne lui faites pas de câlins. Attendez plutôt qu'il se soit bien tenu pendant un moment, puis accordez-lui votre attention positive.

En revanche, si l'enfant n'a eu qu'un carton jaune d'avertissement, la situation est légèrement différente. L'enfant a reçu le carton jaune parce qu'il a refusé de suivre un ordre. Si vous ne revenez pas sur ce fait, il s'en sera tiré à bon compte. Aussi, dès la fin de la suspension, vous devez répéter l'ordre et reprendre tout le processus, jusqu'à ce que votre enfant ait accompli la tâche demandée.

C'est pour cette raison que vous avez besoin d'un peu de temps lorsqu'il s'agit de traiter la désobéissance. Si vous êtes pressé, que vous devez sortir, mieux vaut laisser la question en suspens jusqu'à votre retour. Ne reprenez pas toute la procédure.

Comment régler les problèmes de la suspension

Nous allons voir ici les deux problèmes les plus courants. Les solutions proposées sont utiles pour les autres problèmes de la suspension.

La sortie de suspension avant la sonnerie

C'est le problème le plus répandu et le plus difficile. Plusieurs solutions se présentent à vous. Celle que vous choisirez dépendra du degré de désobéissance de l'enfant, de son âge et de votre propre conscience.

1. Augmenter la période de suspension. Chaque fois que l'enfant sort, ramenez-le et dites : « Tu seras puni une minute de plus. » Ajoutez une minute à chaque sortie. Évidemment, cela ne convient qu'aux enfants de plus de cinq ans qui ont une notion de ce qu'est « une minute ».

2. Le blocage. Si vous utilisez la chambre, vous pouvez bloquer la clenche durant la punition. Si vous utilisez une chaise, vous pouvez essayer de maintenir l'enfant dessus. Cependant, comme cela peut déboucher sur une lutte, mieux vaut mettre l'enfant dans une pièce dont vous pouvez fermer la porte.

3. La suppression des privilèges. Si votre enfant ne reste pas en suspension, vous pouvez lui supprimer un privilège. Vous devez avoir une liste d'une dizaine de petites choses dont vous pouvez le priver et qui sont importantes pour lui.

Choisissez les privilèges dans la liste ci-dessous :

- privation d'un jouet préféré pendant une heure,
- privation d'une émission préférée,
- privation de la télévision du soir,
- privation de dessert,
- privation de bicyclette pendant deux heures,
- suppression de l'argent de poche,
- privation d'ordinateur pour le reste de la journée,
- privation de console de jeux pour le reste de la journée,

- heure du coucher avancée d'une demi-heure,
- privation de jeu avec papa et maman.

N'oubliez pas de le priver d'une *seule* chose pour *chaque* fois qu'il sort de la pièce sans autorisation.

Le saccage de la pièce

Si vous avez envoyé l'enfant dans sa chambre et qu'à la fin de la suspension vous découvrez qu'il l'a saccagée, vous pouvez :

- lui dire qu'il doit y rester jusqu'à ce qu'il l'ait rangée,

OU

- remettre le minuteur à zéro pour reprendre la suspension (convient surtout aux enfants de moins de cinq ans).

La suspension dans un lieu public

Les enfants se tiennent souvent mal en public – durant les courses, en visite chez des amis ou la famille, par exemple. Durant ces périodes, il est souvent difficile pour les parents de gérer la situation.

Voici quelques conseils qui vous faciliteront la tâche dans ce contexte. Il est important que l'enfant ait déjà été puni à la maison selon la méthode de la suspension décrite plus haut, avant de passer à la punition en public. N'oubliez également pas que cette procédure ne fonctionne que pour les enfants de plus de trois ans.

- Pour commencer, faites en sorte que les courses durent le moins de temps possible. Cela réduira le risque que l'enfant s'ennuie. Essayez de faire les courses quand il ne fait pas trop chaud et qu'il ne ressent ni fatigue ni faim.

• Arrangez-vous pour qu'il vous aide en lui donnant quelques tâches à faire. S'il porte quelque chose de relativement lourd dans chaque main, il ne pourra pas s'échapper facilement.

• Expliquez-lui ce que vous attendez de lui. (« Je veux que tu restes près de moi sans piquer de crise dans les magasins. ») Expliquez ce qui arrivera si l'enfant n'obéit pas et, c'est également important, ce qui arrivera s'il obéit.

• Si votre enfant se tient bien, assurez-vous de le lui rappeler régulièrement en utilisant le commentaire suivi et le compliment spécifique : « Tu es une gentille petite fille qui aide sa maman à porter les courses. »

• Emportez un crayon pastel. Avant les courses ou la visite, montrez-le-lui et expliquez que s'il fait une scène, s'échappe ou n'obéit pas, vous tracerez une croix sur sa main (ou sur la vôtre, s'il risque de l'effacer).

• Expliquez à l'enfant que chaque croix lui vaudra une minute supplémentaire de suspension une fois rentré à la maison (maximum de dix minutes pour les enfants de trois à six ans, et vingt minutes pour les plus âgés).

• Dès que l'enfant se tient mal, montrez-lui le pastel et dites-lui que, s'il n'obéit pas, il recevra une croix. S'il continue malgré tout, tracez une croix sur sa main.

• De retour à la maison, désignez la croix et dites-lui : « Tu as une croix, tu ne t'es pas bien tenu, et tu dois aller en suspension. »

• En revanche, si l'enfant est sage durant les courses, donnez-lui une petite récompense. Il peut s'agir d'un détour par le jardin public ou d'une glace.

En résumé

- Les méthodes de discipline fonctionnent mieux si votre enfant reçoit le plus d'attention possible pour son comportement coopératif.

- Raisonner, rouspéter, crier et gifler reviennent à accorder à l'enfant un surcroît d'attention pour son comportement turbulent.

- Ignorer ne fonctionne que pour les crises et les pleurs. Ce n'est pas très efficace pour le comportement agressif et la désobéissance. La suspension est plus conseillée.

- Les comportements d'agression et de défi (discuter les décisions de l'arbitre) sont des infractions méritant un carton rouge et ont pour conséquence une suspension immédiate sans avertissement.

- La désobéissance est une infraction méritant un carton jaune. Un seul carton jaune d'avertissement est possible. À la seconde désobéissance, l'enfant reçoit un carton rouge (pour la désobéissance, assurez-vous que l'enfant exécute l'ordre dès la fin de la suspension. Sinon, reprenez le processus).

PARTIE 2

LES PREMIÈRES COMPÉTENCES SOCIALES

Jusqu'à présent, il n'a été question que de comportement.

C'est très important et cela conditionne la manière dont l'enfant coopérera à l'école et s'entendra avec ses camarades. Les autres enfants ne voudront pas jouer avec quelqu'un d'agressif qui se chamaille constamment, et ils ne seront pas attirés par un enfant passif et peu réceptif. Sans développer un certain degré de coopération, votre enfant aura plus de difficulté à apprendre les autres compétences sociales.

Dans cette deuxième partie, nous allons étudier comment les parents peuvent influencer les compétences sociales de l'enfant. Nous verrons combien les compétences sociales de base sont importantes dans le développement de l'enfant. En effet, c'est sur ces compétences primaires – saluer, attendre son tour pour écouter, parler et jouer – que se construit la capacité à s'entendre avec autrui.

Alors que la plupart des parents se soucient des capacités scolaires de leurs enfants – en lecture, écriture et calcul – les études montrent que les compétences sociales sont sans doute tout aussi importantes. Un enfant socialement doué a des chances d'avoir moins de problèmes de dépression, d'anxiété... plus tard.

Les enfants socialement doués ont aussi de meilleurs résultats scolaires. Pour commencer, les professeurs et leurs camarades les apprécient plus. Ensuite, il existe un lien étroit entre bonnes compétences sociales et bons résultats scolaires, probablement parce que de tels enfants écoutent mieux et coopèrent davantage. En outre, ils gèrent mieux les émotions et savent résoudre les problèmes. Ils réfléchissent aux conséquences de leurs actes, ce qui les motive d'autant plus pour apprendre.

Chapitre 8
Comment les parents peuvent aider leurs enfants ?

On m'a demandé d'observer Thomas, cinq ans, élève de maternelle, qui était un peu en retard dans certains domaines. Il ne semblait pas capable d'assimiler quelques savoirs de base comme compter, colorier, etc. Il avait des difficultés avec les compétences motrices complexes comme tenir un crayon. Enfin, il avait beaucoup de problèmes de comportement social. Je l'observai pendant quelques heures. Thomas ne coopérait pas avec les professeurs et accueillait la moindre demande simple (même s'asseoir pour écouter une histoire) par des cris de protestation. Dès qu'un autre enfant s'approchait de lui, il s'agitait, se débattait et lui demandait de s'éloigner. Il ne faisait pas grand-chose hormis jouer avec son train préféré. Bref, il semblait très malheureux.

Plus tard, sa mère, Michelle, vint discuter avec sa maîtresse, qui était très expérimentée, pour savoir si Thomas serait prêt pour entrer au CP l'année suivante. Michelle était très inquiète et prête à faire tous les efforts possibles. Elle aidait déjà l'enfant à compter et à colorier et l'emmenait chez un thérapeute pour améliorer sa coordination.

« Il devrait être au niveau, conclut-elle.

— C'est bien, mais ce n'est pas compter et colorier qui me soucie, répondit la maîtresse. Je m'inquiète pour ses compétences sociales et sa capacité à s'entendre avec ses camarades. »

Les études ont identifié cinq principaux domaines de compétences essentielles au bon déroulement de la scolarité de l'enfant à partir de l'école élémentaire.

Bien sûr, si votre enfant montre du retard dans n'importe lequel de ces domaines, l'école peut lui fournir un soutien particulier. Il convient d'en discuter avec l'administration. Les domaines essentiels sont les suivants :

1. L'attitude envers l'apprentissage

L'attitude d'un enfant envers l'apprentissage dépend particulièrement de son attitude (coopérative ou rebelle) vis-à-vis de ses professeurs. Il doit être capable de suivre des instructions, de se concentrer sur sa tâche et de ne pas se laisser distraire. Il doit être réceptif à l'apprentissage et montrer une certaine application à l'égard des nouvelles tâches.

2. Les compétences sociales

Un enfant a besoin de posséder des compétences sociales raisonnables afin de bien s'entendre avec les autres, adultes comme enfants. Il doit savoir attendre son tour, partager, exprimer ses émotions de manière convenable et savoir les contrôler dans une certaine mesure.

3. Les compétences physiques et l'autonomie

Un enfant a besoin de compétences motrices simples et complexes suffisantes pour réaliser des tâches à l'école. Il doit savoir aller seul aux toilettes et être aussi autonome que possible pour s'habiller. Il doit également savoir tenir un crayon et des ciseaux.

4. Les compétences linguistiques

Un enfant doit être capable d'écouter, de comprendre ce qui lui est dit et de s'exprimer. Un intérêt pour les livres constitue un vrai plus.

5. Le développement cognitif

Un enfant doit avoir des connaissances générales de base, notamment des chiffres et des lettres (être familier avec l'alphabet, par exemple).

La première de ces compétences, l'attitude envers l'apprentissage, est essentiellement la disposition de l'enfant à coopérer. Elle peut être considérablement améliorée par les exercices abordés dans la première partie de ce livre. Des quatre restantes, les compétences sociales sont considérées par de nombreux enseignants comme les plus importantes, mais le plus souvent négligées.

Mon fils Martin, venait d'entrer à la maternelle. Nous pensions qu'il avait de la chance d'avoir une bonne maîtresse, Mme Mac. Un jour, j'allai le chercher à l'école et lui demandai comment s'était passée sa journée.

« Oh, très bien. Mme Mac a dit que je suis une raclure. »

J'avais senti une pointe de fierté dans le ton, mais cela ne me fit hésiter qu'un moment avant de faire demi-tour pour aller voir Mme Mac.

« Selon Martin, vous lui avez dit qu'il était une raclure », dis-je.

Mme Mac prit un air inquiet, essayant de saisir de quoi je parlais. Puis elle comprit ce qui s'était passé.

« Ah, je me souviens. Il y a eu un petit problème, j'ai cru que Martin allait se mettre en colère, mais il s'est maîtrisé et calmé. Je lui ai dit qu'il était *mature*. »

À l'époque où j'élaborais avec des collègues un programme de compétences sociales pour les enfants de maternelle, j'ai passé beaucoup de temps à observer les enfants en situation. Je voulais savoir en détail comment ils interagissent et également découvrir dans quelle mesure ils diffèrent. J'ai comparé trois groupes d'enfants.

Premièrement, j'ai observé les enfants que leurs maîtresses considéraient comme les plus appréciés par les autres.

Deuxièmement, ceux qui étaient considérés comme asociaux, les plus difficiles et agressifs.

Troisièmement, ceux qui étaient les plus timides et réservés.

Bien que j'aie observé de nombreux enfants, les exemples donnés ci-dessous sont tout à fait typiques des trois catégories.

1. L'enfant apprécié

Dan jouait et bavardait constamment avec les autres. Quand il voulait se joindre à d'autres enfants, il s'approchait et demandait ce qu'ils faisaient. Il souriait beaucoup, attendait son tour, partageait et riait beaucoup. Les autres enfants l'appréciaient.

2. L'enfant asocial

Jérémie (quatre ans) venait d'entrer dans le bac à sable. Il poussa une fillette et lui prit sa pelle. Puis il vit un garçon avec un seau, alla le trouver en criant bruyamment et d'une manière très agressive, puis s'empara du seau. Ils luttèrent, car l'autre ne voulait pas céder, et Jérémie frappa l'enfant avec la pelle. L'autre se mit à pleurer et lâcha le seau. Jérémie fut alors tout content de remplir son seau de sable. Mais cela ne dura pas...

3. L'enfant timide

Michelle était très timide. Il restait assis dans son coin. Si un autre enfant s'approchait, il détournait le regard et ne répondait pas. La majeure partie de la journée, il suivait la maîtresse. Si elle était occupée, il se mettait à pleurer et devait souvent être consolé par une autre maîtresse.

Ces observations ont révélé plusieurs compétences que possédaient les enfants appréciés, mais dont étaient dépourvus les enfants asociaux ou timides :

• **Saluer**

Lorsque les enfants les plus appréciés saluaient et parlaient aux autres, adultes ou enfants, ils établissaient un contact visuel et regardaient la personne à qui ils parlaient. Ils souriaient beaucoup (environ 60 % du temps). Les enfants timides ne regardaient pas les autres, ne souriaient pas et ne parlaient guère. Les enfants asociaux baissaient la tête, comme s'ils étaient coupables d'un méfait (ce qui était souvent le cas). Fréquemment, la seule fois où ils souriaient était lorsqu'ils avaient frappé quelqu'un. Les enfants timides et réservés établissaient peu le contact visuel (bien sûr, n'oublions pas que dans certaines cultures, c'est un signe d'irrespect pour un enfant de regarder un « aîné » dans les yeux, donc ces différences culturelles doivent être prises en compte pour certains enfants).

Ce qui m'a le plus frappé concernant les enfants asociaux et timides était leur air tout simplement malheureux. Au point de paraître déprimés.

• **Participer**

Lorsque les enfants les plus appréciés se joignaient aux autres, ils observaient et écoutaient pendant que leurs camarades jouaient. Ils souriaient également beaucoup et posaient des questions, comme s'ils se mettaient sur la même longueur d'ondes. Les enfants les plus asociaux rejoignaient le groupe en écartant généralement l'un des membres. Ils avaient un ton très agressif, criaient et n'écoutaient pas. Alors qu'ils voulaient pourtant jouer avec les autres enfants et participer, ils étaient souvent rejetés par eux. Les enfants timides n'essayaient tout simplement pas de se joindre à un groupe. Si d'autres enfants les approchaient, ils les ignoraient ou se fâchaient.

• **Écouter et parler**

Les enfants appréciés écoutaient et parlaient. Les enfants asociaux parlaient mais n'écoutaient pas. Les enfants timides écoutaient mais ne parlaient pas.

- **Attendre son tour et partager**

Les enfants appréciés jouaient également différemment. Ils attendaient leur tour et partageaient. Ils étaient plus disposés à raisonner et à faire valoir leur point de vue, ainsi qu'à écouter ceux des autres. Les enfants asociaux n'attendaient pas leur tour, ils le prenaient. Les enfants timides interagissaient très peu. Malheureusement, ils étaient le plus souvent ignorés par les autres enfants.

La manière dont les parents peuvent aider leurs enfants à acquérir ces différentes compétences sera étudiée dans les chapitres qui suivent.

Beaucoup de parents ne savent absolument pas comment aider un enfant à acquérir les compétences sociales. Après tout, la plupart des interactions entre enfants ont lieu à la crèche ou à l'école, lorsqu'ils ne sont pas présents. Cependant, les parents disposent de nombreuses ressources pour aider leurs enfants à être plus à l'aise avec leurs camarades. Voici dix astuces :

1. Accroître la coopération et forger une relation positive parents-enfant

Les compétences parentales destinées à améliorer la coopération ont été étudiées dans la première partie de cet ouvrage, mais on ne saurait assez souligner leur importance. Si un enfant ne coopère pas avec les autres, est agressif et bruyant, les autres l'éviteront. De la même manière, si un enfant est entêté et refuse d'interagir avec les autres, ceux-ci ne lui prêteront tout simplement aucune attention. La meilleure manière d'améliorer le comportement coopératif de l'enfant est de suivre les étapes décrites dans la première partie. Cela créera une relation plus positive entre l'enfant et vous. Il s'agit de sa première relation et c'est la plus importante. C'est elle qui ouvre la voie à toutes celles qu'il connaîtra dans sa vie future.

2. Donner l'exemple

Il est facile pour les parents d'oublier que leur enfant les observe en permanence. L'enfant n'a peut-être pas l'air de faire attention, mais il n'en écoute pas moins. Certaines compétences sociales peuvent être enseignées par l'exemple, depuis la manière enjouée de saluer ou de faire preuve de bonnes manières (en disant « s'il vous plaît », « merci »), jusqu'à celle dont les parents résolvent leurs conflits entre eux et avec autrui. L'enfant est témoin de toutes ces situations et votre comportement influencera le sien.

3. Jouer avec les enfants

Jouer avec les enfants peut enseigner d'importantes compétences sociales. Des études démontrent que les enfants qui sont le plus appréciés des autres et de leurs professeurs sont ceux dont les parents jouent avec eux en utilisant peu d'instructions et beaucoup d'encouragements. Les enfants dont les parents sont directifs et critiques sont moins appréciés des autres. Le chapitre 4 décrit comment les parents peuvent jouer avec leurs enfants en donnant peu d'instructions et en accordant plus d'attention positive.

Dans le jeu, les enfants apprennent à partager, à attendre leur tour, coopérer et négocier. Des activités de jeu différentes peuvent aussi encourager l'apprentissage de différentes compétences sociales. Ces activités seront décrites dans les chapitres suivants.

Il est souvent difficile pour les parents de trouver le temps de jouer avec leurs enfants. Les mères, particulièrement, en manquent le plus et plusieurs études récentes montrent qu'elles s'acquittent encore de plus de tâches ménagères que les pères. Étant un père moderne, je ne croyais pas que ces études s'appliquaient à moi. J'étais différent, et les hommes de ces études diamétralement opposés. J'ai été ramené à la réalité assez brutalement alors que je jouais avec ma fille,

Sophie, quatre ans, qui déclara : « C'est bien que maman fasse tout le travail, comme ça, on peut jouer ! »

4. Parler aux enfants des relations avec les autres

Les enfants qui ont des conversations régulières avec leurs parents sur leurs relations avec leurs camarades sont mieux appréciés des autres. Il est important de parler aux enfants des relations avec les autres – pas de manière insistante, mais dans le cours de la conversation, par exemple en les conduisant ou en les ramenant de l'école, durant les repas, etc. Bien des parents se plaignent que leurs enfants leur répondent « Rien » ou « Pas grand-chose », lorsqu'ils leur demandent ce qu'ils ont fait de leur journée.

En pareil cas, prenez l'habitude de poser des questions précises comme : « Qu'as-tu fait au déjeuner ? », « Avec qui as-tu joué ? », « Est-ce qu'on vous a raconté une histoire aujourd'hui ? », « As-tu fabriqué quelque chose ? Quoi donc ? » N'oubliez pas de demander avec qui l'enfant a joué, à quoi, ce qui s'est passé. Il ne s'agit pas d'un interrogatoire, mais d'une conversation (« Oh, et qu'est-ce que tu as fait, alors ? ») que vous alimenterez (« Tu crois que c'était une bonne idée ? »). Prendre l'habitude de parler avec l'enfant de ses jeux avec ses camarades lui donne également l'occasion de vous dire s'il est harcelé ou maltraité.

Parlez-lui d'amitié. Demandez-lui de réfléchir à des mots qui pourraient décrire un bon camarade. Par exemple : honnête, amusant, gentil, intéressant.

5. Fournissez aux enfants des occasions de jouer avec les autres

Les enfants qui ont ce type d'opportunités s'adaptent mieux en milieu scolaire. Votre enfant apprendra à mieux interagir avec les autres en jouant. Voici quelques conseils :

— *Invitez des enfants chez vous.* Il vaut mieux que les premières expériences de jeu avec d'autres enfants se déroulent chez vous, pour que vous puissiez les surveiller, donner conseil et soutien. Il importe de fournir un cadre, surtout au début. Commencez par offrir des boissons et occupez-vous des jouets faciles à partager, comme la maison de poupée, les soldats, la pâte à modeler. Les jeux de ballon sont également excellents. N'utilisez pas de jouets auxquels votre enfant tient tout particulièrement. S'il ne veut pas les partager, rangez-les. N'utilisez pas de jouets difficiles à partager, comme un train, par exemple.

— *Restreignez les premières expériences de jeu : elles doivent être* ***peu*** *nombreuses et courtes.* Commencez par inviter seulement un ou deux camarades. Veillez à ce que cela ne dure pas trop longtemps (une ou deux heures suffisent amplement) : vous pourrez rallonger par la suite.

— *Surveillez.* C'est le point capital. Ne laissez surtout pas les enfants jouer seuls. Ne dirigez pas tout, mais gardez l'œil sur eux pour pouvoir intervenir et les aider à résoudre les conflits, ou les mener à d'autres activités si celles choisies ne se passent pas bien. À mesure qu'ils vieilliront et prendront de l'assurance, vous pourrez leur accorder plus d'indépendance.

6. Encouragez et félicitez

La surveillance que vous exercez sur les enfants de moins de cinq ans doit être essentiellement positive. Donnez-leur d'amples encouragements lorsqu'ils partagent et s'amusent gentiment. Rappelez-les à l'ordre s'ils ne jouent pas selon les règles : « Peut-être que Simon veut jouer aussi, maintenant. » N'oubliez pas de féliciter toute attitude coopérative.

7. Pour les jeunes enfants, envisagez la crèche ou le jardin d'enfants

Si votre enfant est âgé de moins de trois ans, la crèche ou le jardin d'enfants peuvent avoir un effet positif sur ses compétences sociales. Les enfants qui fréquentent ces établissements sont généralement plus compétents socialement que les autres. La qualité de la prestation est importante. Un personnel expérimenté et bien formé proposant des programmes structurés aura un effet plus positif

8. Des activités supplémentaires

Dans certains quartiers, il se peut que vous ne trouviez pas d'enfants du même âge que le vôtre. Dans ce cas, il est bienvenu de chercher des activités lui permettant d'apprendre à interagir avec d'autres enfants. Il peut s'agir, pour les tout-petits, de groupes de jeu ou de leçons de sport ou de musique. Pour les enfants d'âge scolaire, les sports organisés et les troupes de scouts peuvent fournir des activités surveillées permettant à l'enfant d'apprendre à s'entendre avec les autres.

9. L'apprentissage par la lecture et la télévision

Quand vous lisez des histoires à votre enfant, vous pouvez faire des commentaires sur les compétences sociales des personnages (ou leur absence) : « Oh, comme il est poli, il a dit s'il vous plaît et merci ! », ou « Comme c'était gentil de dire cela ! » Vous pouvez en faire autant avec la télévision.

10. Inventez des histoires sur des situations sociales

Une bonne manière d'enseigner aux enfants comment se comporter dans les situations sociales est d'inventer une histoire. Votre imagination est la seule limite. L'histoire doit parler d'un petit garçon ou d'une fillette du même âge que l'enfant et décrire son comportement dans différentes situations. Un exemple vous est donné dans le chapitre suivant.

Michelle a beaucoup travaillé avec Thomas durant l'année. J'ai consacré un certain temps à la conseiller dans les techniques de gestion du comportement pour aider Thomas à coopérer. Michelle l'enjoignait à saluer les gens et à les regarder quand il leur parlait. Elle jouait avec lui le plus souvent possible et lui apprenait à attendre son tour et partager. Elle surveillait ses jeux avec les autres enfants et le reprenait s'il se montrait irrité ou difficile. Rapidement, Thomas a coopéré davantage avec ses professeurs et a joué sans problème avec les autres. Mais surtout, il apprenait davantage. S'il avait poursuivi dans son attitude rebelle envers ses professeurs, il n'aurait pas appris les compétences, notamment cognitives, dont il avait besoin.

Les chapitres qui suivent examinent plus en détail comment les parents peuvent enseigner à leurs enfants des compétences sociales spécifiques comme saluer, s'intégrer, écouter et parler, attendre son tour et partager.

Les compétences sociales sont complexes et certains enfants ont du mal à les apprendre. Si vous essayez de les leur inculquer toutes ensemble, ce sera excessif pour eux. Il vaut mieux les aborder l'une après l'autre. Par exemple, quand vous enseignerez le salut, comme décrit dans le chapitre suivant, concentrez-vous uniquement sur cette compétence durant une semaine. Quand votre enfant saura saluer poliment, passez à la compétence suivante.

En résumé

- Les experts en éducation considèrent les compétences sociales comme capitales pour l'adaptation de l'enfant en milieu scolaire.

- Les enfants appréciés sourient plus et établissent un contact visuel en saluant les autres. Ils attendent également leur tour, écoutent et partagent davantage.

- Les parents peuvent inculquer ces compétences sociales à leurs enfants de bien des manières. En montrant l'exemple, en jouant à des jeux qui encouragent à attendre son tour, en fournissant des occasions de socialisation et en parlant tout simplement des relations avec les autres.

Chapitre 9
Saluer

L'interaction sociale est capitale pour les humains dès les premiers instants de la vie. Chez l'humain, le nouveau-né est physiquement impuissant, alors que chez d'autres espèces, il est capable de ramper ou de marcher pour trouver sa mère peu après sa naissance. Les bébés humains n'ont à leur disposition que le contact visuel pour les aider à survivre. En fixant l'œil de sa mère, il dit : « Ne m'abandonne pas, j'ai besoin de toi, occupe-toi de moi. » C'est son premier salut.

L'interaction sociale demeure un facteur important tout au long de la vie de l'individu. Peu de chose nous apporte autant de joie qu'une relation qui nous comble, et pourtant, les relations sociales sont aussi responsables de nos plus profondes dépressions. Le salut est le commencement de toute interaction sociale, de notre naissance jusqu'à notre mort. Les études sur le mariage montrent que la façon dont un couple se salue ou se dit au revoir indique de manière fiable s'il va durer ou se séparer. Les couples qui prennent le temps de se dire bonjour et témoignent une certaine forme d'affection quand ils partent au travail ou rentrent à la maison ont plus de chances de rester unis. Dans d'autres interactions, au travail comme dans les situations sociales, le salut est important. Il est plus facile de se lier avec les individus qui vous accueillent d'un sourire, d'un bonjour et d'une poignée de main (ou d'un baiser) sincères, qu'avec ceux qui évitent le contact visuel et marmonnent un vague salut.

Savoir saluer est important pour les enfants, car un enfant qui répond avec un gentil sourire a plus de chances qu'on lui parle.

Sarah arriva à l'école. « Bonjour, Sarah », lui dit sa maîtresse. « Bonjour, Bernadette », répondit Sarah en souriant. Bernadette lui rendit son sourire et poursuivit : « J'adore tes chaussures. Elles sont neuves ? » « Oui, je les ai eues hier. » « Eh bien, elles sont jolies. »

Sarah entra dans la classe et commença à jouer. Une camarade s'approcha et lui dit bonjour. Sarah, souriante, lui dit bonjour à son tour. Très vite, elles se mirent à jouer ensemble.

Un enfant qui ne répond pas aux autres par une forme quelconque de salut met souvent un terme à toute tentative d'interaction.

Lorsque la maîtresse de Joanne la salua, Joanne baissa les yeux, l'air très mal à l'aise. Sa maîtresse préféra ne pas insister, craignant de gêner l'enfant encore davantage.

Lorsqu'une fillette vint jouer avec Joanne et lui dit bonjour, Joanne tourna la tête et l'ignora. La petite fille ne tarda pas à s'ennuyer et alla jouer avec d'autres camarades, laissant Joanne toute seule.

Il est évident que si Joanne continue de réagir ainsi lorsque des gens la saluent, adultes comme enfants auront tendance à la laisser dans son coin. Elle sera privée de centaines d'interactions. C'est seulement au travers de ces interactions que les enfants apprennent les compétences sociales plus complexes. Privée de ces compétences, Joanne aura de plus en plus de mal à se faire des amis.

De nombreux enfants traversent une phase de timidité dans leurs premières années. Après avoir souri à tout le monde, ils se mettent à se cacher derrière leur mère dès qu'on leur parle. En général, ils retrouvent un comportement normal dès trois ans. Cependant, certains enfants très timides et angoissés restent coincés dans cette phase et deviennent très renfermés.

Les couples qui se témoignent une certaine forme d'affection ont plus de chances de rester unis.

En outre, certains enfants au comportement difficile – rebelles ou désobéissants – ont aussi moins de chances de saluer et de réagir aux autres. Ces enfants préfèrent baisser la tête. Si on leur apprend à saluer, cela peut initier un changement de comportement vis-à-vis d'autrui.

Saluer se décompose en trois principaux composants :

1. établir un contact visuel,

2. dire bonjour,

3. sourire.

Comme expliqué au chapitre 8, mieux vaut se concentrer sur une compétence à la fois. Aussi, sur une semaine, essayez le plus grand nombre d'activités suivantes que vous pourrez. Le plus important est de leur donner un caractère ludique.

Donnez l'exemple

N'oubliez pas que vous êtes le modèle le plus important pour votre enfant. Commencez par donner chez vous l'exemple d'un « Bonjour » chaleureux dès le matin, lorsque vous rentrez ou que vous allez chercher les enfants à l'école. Utilisez l'encouragement et le compliment pour que l'enfant sache que vous attendez une réponse.

Par exemple :

« Je viens de te dire bonjour, Jeanne. Qu'est-ce que tu réponds ?

— Bonjour, maman.

— Bravo, c'est bien de dire bonjour avec un joli sourire comme ça. »

Pratiquez le salut tous les jours en famille et n'oubliez pas de saluer les autres aimablement.

Je ne suis pas du matin. Je me lève, et tant que je n'ai pas bu une tasse de thé, même la plus simple tâche, comme trouver mes pantoufles, me semble insurmontable. Ma femme et mon enfant de huit ans, tous les deux toujours d'excellente humeur, sourient et me disent : « Bonjour, papa ! » Malheureusement, j'arrive à peine à les regarder et mes tentatives de sourire sont lamentables. Cependant, je rassemble toutes mes forces pour marmonner un « 'jour ». Ma fille de quatorze ans a hérité de mes gènes du matin, mais nous persévérons en essayant de l'encourager et en la félicitant :

« Sophie, Martin t'a dit bonjour.

— Gnn.

— C'est bien, c'est gentil à toi de grogner. »

Les marionnettes et les poupées

Les jeunes enfants (jusqu'à cinq ans) très timides et peu bavards sont souvent plus à l'aise pour parler avec des marionnettes ou des poupées. La plupart adorent jouer avec et les parents peuvent s'en servir pour pousser les enfants à l'interaction sociale. Jouer avec des marionnettes en compagnie de l'enfant offre quantité d'occasions de dire bonjour. Vous pouvez faire des commentaires du genre : « Oh, Bertie (la marionnette) m'a regardé en disant bonjour et m'a fait un joli sourire. »

Jouer avec des poupées, des maisons de poupée ou des personnages comme GI Joe offre l'occasion de dire bonjour, au revoir, bonne chance et autres à bientôt.

La mise en situation

Jouer à la marchande ou à des jeux du même genre fournit de nombreuses occasions aux enfants de saluer. Vous pouvez installer une boutique avec des marchandises présentées avec leurs prix, avoir un tiroir ou une caisse pour l'argent. Les enfants adorent généralement jouer le marchand, ce qui implique qu'ils vous saluent. Vous pouvez répondre que cela vous fait plaisir et les saluer chaleureusement en retour en soulignant qu'ils vous ont regardé en souriant.

Une poste pourvue de papiers, enveloppes, crayons, timbres, cachets, agrafeuse, balance et boîte postale fabriquée en carton aura la même fonction.

Une autre variation sur ce thème consiste à jouer au docteur ou à l'hôpital. Vous pouvez utiliser une trousse de secours avec bandages et sparadraps. Bien des médecins ne sont pas très doués socialement et certaines universités, qui en sont conscientes, fournissent des cours spéciaux pour apprendre aux praticiens à communiquer et à manifester de l'empathie pour leurs patients. Voilà qui démontre l'importance des compétences sociales dans tous les domaines de l'existence.

Vous pouvez aussi fabriquer un garage où l'on répare les motos et les vélos. Quelques outils, une fausse pompe à essence, une torche et un peu d'huile suffiront.

Jouer au restaurant est également très ludique. Vous pouvez dresser une table avec une nappe et le couvert, improviser une cuisine, utiliser une caisse enregistreuse et fabriquer des « cartes de crédit ». Votre enfant pourra jouer le serveur, vous accueillir et répondre à vos questions. Il aura également à gérer quelques doléances.

Parlez à l'enfant des bonnes manières et de l'importance de dire bonjour et au revoir

Parlez à l'enfant des bonnes manières. Rappelez-lui qu'il est poli de répondre quand on lui adresse la parole. Faites-lui comprendre qu'il doit regarder son interlocuteur en le saluant. Vous pouvez lui expliquer qu'il faut saluer les visiteurs chez vous, les connaissances dans la rue et le personnel des magasins. Dites par exemple : « Matthieu et sa maman vont arriver bientôt. Quand ils frapperont, va à la porte et salue-les. » Le moment venu, n'oubliez pas de donner l'exemple en saluant et de féliciter l'enfant à chacune de ses tentatives.

Quand vous regardez la télévision, vous pouvez faire des commentaires sur les manières des enfants présents dans une émission. « Regarde comment elle a regardé et souri en disant bonjour. Voilà de bonnes manières. » Ou encore : « Ce garçon a été impoli. Il n'a pas relevé quand le monsieur lui a dit bonjour. » En outre, soulignez les bonnes manières des autres quand ils disent bonjour et merci.

Vous pouvez en faire autant quand vous lisez des histoires à votre enfant.

Autres activités

Apprenez à l'enfant quelques comptines. Voici quelques suggestions :

• deux gros bonshommes se sont rencontrés sur le chemin. « Bonjour », dit l'un. « Bonjour », dit l'autre ;

• « Bonjour, bonjour, bonjour, comment vas-tu aujourd'hui ? » « Je vais bien, je vais bien, et j'espère que toi aussi. »

Enfin, essayez d'apprendre à l'enfant à dire bonjour et au revoir dans plusieurs langues : *hello*, *ciao*, *buon giorno*, *hola*. Vous pouvez en faire un jeu avec une carte du monde où vous collerez sur chaque pays la manière de saluer correspondante.

Mes collègues et moi avons récemment publié une étude démontrant qu'un groupe d'enfants de maternelle présentant des difficultés sociales pouvait apprendre les compétences sociales en petits groupes. Dans chacun étaient utilisées des marionnettes, des histoires, des chansons, des vidéos et des activités.

À la fin de ce programme d'une durée de dix semaines, les enfants étaient observés et notés par les professeurs. Nous avons découvert que leurs compétences sociales – saluer, établir un contact visuel, écouter, attendre son tour et partager – s'étaient améliorées chez tous. Le plus encourageant était que les enfants montrant un comportement agressif étaient plus calmes après ce programme. Ils avaient appris d'autres comportements. Les enfants timides étaient également plus assurés et réagissaient aux sollicitations des autres.

Le mieux est que les enfants apprécièrent le programme et s'y amusèrent. Ceux qui ne faisaient pas partie du groupe réclamèrent d'y participer et nous l'étendîmes donc à toute la classe. Mieux encore, plusieurs parents remarquèrent que leurs enfants timides avaient pris de l'assurance et étaient mieux armés pour affronter le milieu scolaire.

Ces méthodes sont très différentes de celles des années soixante et soixante-dix, où la thérapie par aversion était très répandue. C'est ce que raconte le célèbre film *Orange Mécanique* de Stanley Kubrick, où Alex, un jeune violent, est « traité » par la projection de films violents tout en recevant des électrochocs. Alex finit par être conditionné à refuser de se battre. Certains psychologues californiens utilisaient la thérapie par aversion sur les enfants affligés d'autisme sévère, pour leur apprendre à « socialiser » avec les adultes. Heureusement, ces méthodes largement condamnées ne sont plus utilisées.

Ma seule expérience de première main de cette thérapie a eu lieu durant mon internat dans un hôpital psychiatrique. Ma directrice de stage en était très partisane et m'a demandé d'assister au « traitement » d'un jeune homme qui lui avait été adressé parce qu'il se travestissait. Il avait été demandé au patient d'apporter ses robes préférées et on lui avait posé des électrodes. J'étais assis en face de lui.

Chaque fois qu'il prenait une robe, le médecin lui administrait une décharge. La première fut si violente que l'homme bondit de son siège et se jeta sur moi, me communiquant la décharge. Je crois que ma directrice de stage ne m'appréciait pas beaucoup, car il lui fallut longtemps avant de couper le courant. Cela m'a dégoûté des robes pour la vie.

S'INTÉGRER

C'est un fait avéré que, dans les maternelles, la moitié des tentatives des enfants pour s'intégrer à un groupe qui joue sont des échecs. C'est pourquoi apprendre aux enfants à s'intégrer a une chance sur deux de réussir, ce qui rend cette compétence difficile à enseigner. Le premier jour où ma fille est allée à la maternelle, j'ai voulu rester avec elle toute la journée pour m'assurer que les autres enfants étaient gentils avec elle. Malheureusement, les enfants doivent apprendre à encaisser.

Certains sont trop timides et craintifs pour aborder un groupe ou entamer une conversation. Ces enfants sont souvent laissés de côté par les autres. D'autres enfants ont un comportement diamétralement opposé. Ils sont trop enthousiastes et empressés de s'intégrer. Ils se jettent littéralement sur un groupe sans attendre d'être acceptés ou d'apprendre les règles du jeu. Ils poussent souvent les autres et essaient de diriger. Au bout d'un certain temps, eux aussi sont rejetés.

Voici les trois compétences de base qui peuvent aider les enfants à apprendre à s'intégrer à un groupe :

1. Observer

Les enfants passent souvent un certain temps en marge d'un groupe à observer ce que font les autres. Cela peut les aider à se familiariser avec le jeu et ses règles et cela leur donne le temps de décider s'ils veulent vraiment s'intégrer à tel groupe. Veut-il jouer à ce jeu ? Les autres enfants sont-ils trop chahuteurs ?

2. Complimenter

Peu de gens, y compris les enfants, peuvent résister à la flatterie. Si des enfants disent : « Ça a l'air d'un jeu drôlement amusant » ou « Tu es doué avec ton jeu de construction, c'est bien ce que tu fais ! » ou « C'était un beau but », c'est difficile de les rejeter.

3. Questionner

Si un enfant se contente d'observer et de poser des questions sur le jeu, cela peut l'aider. Faire une suggestion sur le rôle qu'il peut tenir peut également être utile. « Je pourrais t'apporter les briques avec mon camion. » Sinon, il peut se contenter de dire : « Ça a l'air amusant comme jeu. Je peux jouer aussi ? »

Pour expliquer ces compétences à un enfant, vous pouvez inventer une histoire. L'idée est de prendre un prénom qui se rapproche de celui de votre enfant (Samy au lieu de Samuel, par exemple). L'enfant doit avoir le même âge que le vôtre, afin de lui permettre de mieux s'identifier. Voici un exemple :

Sarah avait quatre ans. Un jour, elle jouait toute seule à la maternelle. Elle vit un groupe d'enfants qui s'amusaient avec un jeu de construction. Elle s'approcha et les regarda un petit moment. Ils faisaient beaucoup de bruit et renversaient mutuellement leurs constructions, et l'un des garçons jeta même une brique sur une fillette. Sarah se dit qu'elle n'avait pas envie de jouer avec eux.

Elle alla ensuite dans le coin des déguisements où d'autres enfants s'amusaient avec des costumes. Ils faisaient semblant d'être les personnages d'une émission pour enfants.

« Vous avez l'air de vous amuser, dit-elle.

— Oui, répondirent-ils.

— Je peux faire la sorcière ?

— Non, il n'y a pas de sorcières dans notre jeu. »

Un peu vexée, Sarah s'éloigna. C'est alors qu'elle remarqua un dernier groupe dans le coin cuisine. Elle s'approcha et l'observa. Un garçon faisait le papa qui cuisine avec ses enfants.

« Vous jouez bien le papa et les enfants. C'est amusant, dit-elle.

— Merci, répondit le "papa".

— Vous voulez que je fasse la maman ?

— Oh, oui. »

Et ils s'amusèrent comme des fous tous ensemble.

De telles histoires peuvent être très utiles pour enseigner aux enfants les étapes à suivre dans une situation sociale.

L'histoire ci-dessus les récapitule : observer, complimenter et s'intégrer. Elle enseigne également que le rejet peut survenir parfois et qu'il ne faut pas se décourager en pareil cas. Un rejet se produisant une fois sur deux, il est important d'y préparer l'enfant.

Une autre manière d'aider l'enfant à s'intégrer consiste pour vous à en faire la démonstration quand il joue. S'il s'amuse avec son garage ou sa maison de poupée, approchez-vous et observez-le. Ensuite, complimentez-le : « Tu as bien rangé la maison/garé tes voitures. Et tu as l'air de bien t'amuser. » Ensuite, demandez-lui si vous pouvez vous joindre à lui : « Je peux jouer la grand-mère/le mécanicien ? »

Au début, il vaut mieux encourager l'enfant à s'intégrer lorsqu'il a les meilleures chances d'y parvenir. Par exemple, quand vous êtes en visite chez des amis ou de la famille, les autres enfants lui sont familiers et ont moins de risques de le rejeter. Vous pouvez ainsi dire : « Tu te rappelles ce qui se passait dans l'histoire ? Sarah les a observés un moment, puis elle leur a dit quelque chose de gentil avant de leur demander si elle pouvait jouer avec eux. »

En résumé

- Saluer est le départ de toute interaction sociale. Faute de quoi, aucune autre interaction ne peut se produire.
- Saluer se décompose en trois actions : établir le contact visuel, dire bonjour et sourire.
- Pratiquez d'abord à la maison les nouvelles compétences : donnez l'exemple, encouragez l'enfant et félicitez-le quand il salue les autres.
- Organisez des activités comme jouer à la marchande pour l'entraîner à saluer.
- Apprenez à l'enfant à observer les autres et à les complimenter avant de tenter de s'intégrer à leur jeu.
- Soulignez les bonnes manières des personnages des livres et des émissions télévisées.
- Inventez des histoires illustrant ces différentes compétences.

CHAPITRE 10
ÉCOUTER ET PARLER

« Il refuse tout simplement d'écouter. »

« Elle ne me remarque pas, c'est tout. »

« Il faut que je lui demande dix fois de faire quelque chose avant qu'il obéisse. »

« Je lui demande ce que je viens de dire et il me regarde sans un mot. »

Ce sont les récriminations les plus fréquentes que j'entends de la part des parents à propos de leurs enfants. Bien des enfants font la sourde oreille quand on leur parle. Pourtant, écouter est une compétence sociale très importante. La conversation consiste à apprendre à écouter et à attendre son tour pour prendre la parole.

Les enfants ont besoin d'écouter en milieu scolaire, faute de quoi, ils n'apprendront rien. Ils doivent écouter les instructions afin de savoir quoi faire.

Je dirigeais un programme de compétences sociales dans une maternelle. L'un des enfants refusait d'écouter et ne cessait de harceler et d'agacer les autres. Il leur coupait la parole et essayait d'attirer constamment l'attention. Je le fis asseoir à l'écart, mais il se glissa sous une table et fit du bruit. Puis il grimpa dessus et se mit à gesticuler en poussant des cris. C'était intenable. Je ne pouvais pas poursuivre et il était évident que les autres enfants n'apprendraient rien s'ils étaient perpétuellement distraits.

Selon un sondage, 35 % des professeurs déclarent perdre de une à quatre heures par semaine à cause des enfants qui n'écoutent pas. Non seulement un élève dissipé n'écoute pas et n'apprend pas, mais il gêne ses camarades. Les résultats scolaires d'un enfant placé à côté d'un chahuteur peuvent baisser de 30 % à cause de la distraction.

Beaucoup d'enfants turbulents ont des problèmes d'écoute et de compréhension. En cours, ils perdent rapidement le fil, renoncent et préfèrent faire les clowns.

Dans mon travail, je donne beaucoup de conférences et j'organise de nombreux ateliers. La plupart des conférenciers vous diront qu'il n'y a rien de plus irritant qu'un auditeur qui parle à son voisin, glousse et bâille. D'un autre côté, rien n'est plus gratifiant qu'un auditeur qui vous regarde droit dans les yeux – sauf s'il griffonne frénétiquement la moindre de vos paroles. Ce type d'auditeur sourit beaucoup, opine et rit de vos plaisanteries. Je me souviens d'avoir donné une conférence lors d'un séminaire national de psychologues où je parlais du programme de compétences sociales que nous avions conçu. Dans l'auditoire, une personne était particulièrement attentive, hochant la tête, me regardant et souriant. À la fin de mon discours, au moment des questions, elle leva la main et déclara : « Ce n'est pas vraiment une question, mais je voulais vous dire que votre programme est utilisé à la maternelle de ma fille et qu'il est fantastique. Il lui a donné nettement plus d'assurance. » J'aurais été prêt à la payer pour avoir dit cela.

Lorsque j'étais étudiant à l'université, mes camarades et moi utilisions la méthode de l'écoute active pour modifier le comportement de nos conférenciers. Lorsqu'un conférencier se tenait du côté droit de la salle, nous faisions semblant de nous ennuyer, nous toussions, bâillions, regardions par la fenêtre et faisions du bruit.

Lorsqu'il se tenait du côté gauche, nous le regardions tous d'un air captivé, nous riions de ses plaisanteries et nous posions des questions intelligentes.

Avant la fin de la conférence, le professeur ne quittait plus le côté gauche. Nous avions modifié son comportement à son insu en utilisant nos compétences d'écoute. C'est dire le pouvoir de la méthode d'écoute active.

Écouter se décompose en deux parties :

1. établir le contact visuel (que les enfants ont pratiqué pour apprendre à saluer au chapitre 9) ;

2. ne pas parler lorsqu'un autre parle.

Cela peut se résumer ainsi : « Regarder, se taire et écouter. » Voici quelques manières d'améliorer l'écoute des enfants.

POUR LES JEUNES ENFANTS (DE TROIS À CINQ ANS)

- **Jouez au téléphone**

Faites-vous appeler par votre enfant avec un téléphone jouet ou faites semblant avec un portable. Au téléphone, une seule personne peut parler à la fois : cela vous aidera à apprendre à l'enfant à attendre son tour. Vous pouvez également fabriquer un téléphone avec quelques mètres de tuyau en plastique et deux entonnoirs. Chacun à votre tour, utilisez l'entonnoir comme écouteur et comme micro. Vous pouvez également prendre deux boîtes de conserve (dont vous aurez émoussé les bords tranchants) et une ficelle. Percez un trou au milieu du fond de chaque boîte, passez-y la ficelle et retenez-la par un nœud. Lorsque la ficelle est suffisamment tendue, vous pouvez vous entendre sur une certaine distance.

- **Jouez aux « bruits mystérieux »**

Demandez à votre enfant de fermer les yeux et d'essayer de reconnaître différents bruits que vous ferez. Vous pouvez siffler, allumer le micro-ondes, frapper dans vos mains, sur une tasse avec une cuiller, agiter des clés.

- **Improvisez un rythme**

L'enfant ayant les yeux fermés, improvisez un rythme sur la table et demandez-lui de le reproduire. Augmentez progressivement la difficulté.

Pour tous les enfants

- **Pendant le repas**

Les repas sont un bon moment pour entraîner l'enfant à écouter et à attendre son tour pour prendre la parole. Chacun à votre tour, racontez votre journée. Si l'enfant vous coupe la parole, dites, par exemple : « Attends un instant, laisse-moi d'abord finir. » Vous pouvez souligner d'un geste, en levant la main gentiment, par exemple. Quand vous avez terminé, faites signe à votre enfant que c'est son tour. Il est bienvenu de conclure en posant une question comme : « Et toi, qu'as-tu fait à l'école aujourd'hui, Jacques ? »

- **Parlez à l'enfant**

Les études démontrent que les parents qui parlent et lisent davantage d'histoires à leurs enfants leur inculquent de meilleures compétences linguistiques. En revanche, ceux qui sont déprimés sont souvent trop fatigués ou préoccupés pour parler à leurs enfants. Comprendre la parole est un processus relativement complexe : il consiste à écouter, apprendre à assimiler des sons, puis en tirer une signification. Les enfants ont besoin de pratiquer l'écoute et le décodage des sons. Les parents peuvent les y entraîner en leur parlant : Racontez-lui votre journée ou ce qui vous est arrivé dans votre enfance. Au chapitre 4, nous avons étudié l'utilisation du commentaire suivi lors des jeux avec l'enfant. Utilisez cette méthode dans la journée. Utilisez-la également pour décrire votre propre comportement. Par exemple, si vous montez un jouet pour votre enfant, vous pouvez dire : « Là, il me faut la pièce qui va ici. La voilà. Maintenant, je la pose là-dessus. » Votre enfant ne semblera peut-être pas faire attention, mais si vous lui parlez, il assimilera.

- **Lisez des histoires à l'enfant**

Lire des histoires à l'enfant peut se faire dès le plus jeune âge et continuer durant l'école primaire. Vous pouvez poser des questions sur l'histoire. Par exemple : « Alors, qu'a fait le petit garçon pour que son frère soit aussi fâché ? » Ainsi, vous saurez si l'enfant fait attention à l'histoire et vous l'entraînerez à écouter pour en capter le sens.

- **Utilisez des CD ou des cassettes**

Fournir aux enfants un lecteur de CD ou de cassettes personnel est très efficace pour éviter l'ennui, notamment durant les longs voyages en voiture quand vous aurez épuisé tous les petits jeux. Les histoires enregistrées fonctionnent bien et sont excellentes pour développer la faculté d'écoute. Elles captivent leur attention et les aident à écouter et comprendre l'oral. Quelques CD musicaux sont également les bienvenus.

- **Donnez des instructions claires et simples**

Nous l'avons vu au chapitre 5 et c'est très important pour aider votre enfant à développer son écoute. Si vos instructions sont interminables, l'enfant cessera simplement d'écouter. Si elles sont claires et concises, il a plus de chances d'y prêter attention.

- **Encouragez et félicitez**

C'est un geste important dans l'apprentissage de toutes les compétences sociales. Encouragez votre enfant à écouter :

« Maintenant écoute-moi, s'il te plaît. » Demandez-lui de répéter ce que vous venez de dire. N'oubliez pas de le féliciter s'il a bien retenu.

Votre enfant a-t-il des problèmes d'audition ?

Si vous craignez que l'enfant ait des problèmes d'audition, faites-le examiner. Certains signes sont caractéristiques : si l'enfant parle très fort, augmente le volume de la télévision ou s'assoit très près d'elle. Notre pauvre chien vieillit et il est maintenant pratiquement sourd. Comme il ne s'entend pas très bien, il est convaincu que nous ne l'entendons pas non plus et il aboie comme un forcené sous mon nez, notamment quand je regarde un match. Le problème, c'est qu'il est tellement sourd qu'il ne m'entend pas lui dire de se taire.

J'avais pour patient un garçon de trois ans, Marc, qui m'avait été envoyé en raison de son comportement agressif à la maternelle. Il avait déjà été « prié » de quitter d'autres centres parce qu'il mordait. L'école s'inquiétait de son comportement : il refusait de faire ce qu'on lui disait, faisait du bruit quand on racontait des histoires et passait ses nerfs sur ses camarades.

Alors que je me renseignais sur ses antécédents, sa mère m'indiqua qu'il avait eu une infection à l'oreille et avait des difficultés d'élocution. Quand il regardait la télévision, il montait le volume et s'asseyait juste devant. J'envoyai Marc passer un examen qui révéla une perte d'audition significative, mais heureusement curable. Et son comportement s'améliora à mesure que son ouïe revenait.

En dehors de la perte d'audition, si votre enfant ne semble vraiment pas comprendre ce que vous lui dites, il est possible qu'il ait des difficultés de compréhension et un examen auprès d'un orthophoniste est conseillé. Les orthophonistes traitent les enfants qui ont des difficultés d'élocution – bégaiement et défauts de prononciation (langage expressif) – comme ceux qui ont des problèmes de compréhension (langage réceptif).

Écouter l'enfant

La conversation se joue dans les deux sens. Lorsqu'elle est équilibrée, les gens parlent et écoutent tour à tour. Il importe que vous possédiez vous-même une bonne faculté d'écoute : cela encouragera l'enfant à parler. L'écoute active consiste à montrer à l'enfant que vous écoutez. Voici plusieurs manières de s'y prendre :

- **Regardez l'enfant quand il parle**

Il n'y a rien de plus rebutant pour un locuteur qu'un auditeur distrait qui regarde ailleurs. Si vous ne pouvez pas vous occuper de l'enfant sur le moment, demandez-lui d'attendre un instant, le temps de pouvoir lui consacrer toute votre attention.

- **Utilisez des gestes qui prouvent que vous écoutez**

Souriez, hochez la tête et utilisez des termes encourageants comme : « C'est vrai ? » ou « C'est génial ! »

- **Utilisez des « relances »**

Ce sont des questions destinées à aider l'enfant à développer ce qu'il raconte.

« Et qu'est-il arrivé après ? »

« Qu'a dit le professeur ? »

« Comment as-tu fait, alors ? »

- **Résumez**

Quand votre enfant a terminé, résumé brièvement ce qu'il vient de vous dire. « Donc, tu as appris des tas de choses sur les volcans à l'école, aujourd'hui. Je suis content que tu fasses un exposé dessus. » Cela permettra à l'enfant de savoir que vous avez fait attention à ce qu'il vous racontait.

En résumé

• Encouragez l'enfant à attendre son tour pour parler et écouter en créant des occasions de conversation. Racontez-vous mutuellement votre journée.

• Jouez à des jeux d'écoute comme « le téléphone » et « les bruits mystérieux ».

• Parlez à l'enfant, lisez-lui des histoires et faites-lui écouter des histoires enregistrées.

• Donnez des instructions claires et concises.

• Mettez en pratique votre faculté d'écoute avec l'enfant. Regardez-le, hochez la tête, souriez, posez des questions et résumez ce qu'il vous a dit.

• Faites-lui passer un examen médical si vous craignez qu'il ait des problèmes d'audition.

Chapitre 11
Attendre son tour et partager

« Je voulais jouer avec ! » (peu importe quoi, du moment que c'est ce avec quoi joue son frère).

« Il en a plus que moi ! »

« C'est pas juste. Elle a triché, c'est moi qui ai gagné ! »

Notre société occidentale met l'accent sur les droits individuels, la réussite et la compétition. Les médias nous répètent que c'est bien de gagner, d'être le meilleur et de posséder les derniers gadgets en date. En outre, dans notre société, la tendance est aux familles de plus en plus repliées sur elles-mêmes. Comme nombre de foyers possèdent un home cinéma, une aire de jeux équipée, une piscine, beaucoup de familles ne fréquentent plus les équipements collectifs pour les partager avec d'autres. Elles sont submergées de jouets qui sont là **uniquement pour elles**.

Compétition et possession doivent être contrebalancées par la coopération, le partage et le fait de reconnaître qu'aucun individu n'est plus important qu'un autre : nous devons apprendre à nos enfants qu'attendre son tour et partager sont des composantes importantes de notre société, afin de ne plus mettre l'accent sur la trilogie « posséder, gagner et être le meilleur ».

Notre fille, Nicole, comptait son argent et était déçue de ne pas avoir assez pour s'acheter ce qu'elle voulait. Martin, alors âgé de six ans, alla chercher son portefeuille et en sortit la somme nécessaire qu'il lui donna. Nous restâmes sidérés : la rivalité entre frères et sœurs est une tradition familiale.

« C'est très gentil, mais tu n'es pas obligé de faire cela, lui dis-je.

— Nan, ça fait rien. J'en reprendrai dans la petite corbeille de ta chambre » (c'est là que nous déposons la monnaie quand nous vidons nos poches).

Comme pour tout, le meilleur endroit pour commencer à enseigner aux enfants à partager et à attendre leur tour est la maison familiale. Les enfants peuvent y être encouragés dès leur plus jeune âge, mais n'oubliez pas que leur capacité à partager augmente avec l'âge (voir l'encadré ci-dessous).

Dans leur manière de jouer, les enfants passent par des stades différents.

- ***Le jeu parallèle***

Les très jeunes enfants (en dessous de deux ans) se consacrent principalement à des activités solitaires, même s'ils observent attentivement les autres enfants. Dès la fin de leur deuxième année, les enfants se lancent dans le jeu parallèle. Ils se placent les uns à côté des autres, sans vraiment interagir, mais en faisant des choses similaires. Par exemple, ils peuvent jouer dans le bac à sable. L'un peut creuser un trou, un autre passer le sable dans un tamis et un troisième faire une montagne.

- ***Le jeu associatif***

Dès l'âge de trois ou quatre ans, les enfants jouent ensemble. Ils ne s'aident pas toujours, mais ils font la même chose. Par exemple, nos trois enfants pourraient alors creuser chacun un trou. À cet âge, il est possible de les encourager à partager et à attendre leur tour.

• ***Le jeu coopératif***

Dès l'âge de cinq ans, les enfants coopèrent sur une seule activité. Ils peuvent prendre chacun un rôle : par exemple, certains peuvent faire un gros tas de sable tandis que d'autres y creusent un tunnel. Les enfants commencent à modifier leurs idées en réaction à celles des autres. À ce stade, les compétences de résolution de conflit émergent davantage. À mesure que les enfants ont besoin de coordonner leurs activités, ils doivent prendre en compte les autres tout en exprimant leurs propres idées. Quand les idées divergent, ils doivent apprendre à résoudre ces conflits.

Voici quelques activités qui peuvent aider les enfants à attendre leur tour et à partager :

• **Travailler à des activités coopératives**

Travailler ensemble sur une fresque, creuser une mare, jardiner. Travailler pour le même objectif produit des sentiments d'appartenance et d'équipe. Certaines activités permettent aux enfants de se livrer à des comportements sociaux bien plus complexes. Jouer avec du sable, de l'eau, de l'argile et du bois, par exemple, peut développer la créativité et l'interaction sociale moins structurée.

• **Les jeux de plateau encouragent les enfants à attendre leur tour**

Ils doivent attendre, jeter leur dé et jouer à leur tour. Ces jeux fournissent une structure, tout comme certains jeux de cartes.

• **Certains sports enseignent à attendre son tour plus que d'autres**

Au tennis, au ping-pong et au volley-ball, les enfants doivent attendre leur tour pour servir. Jouer en double encourage l'esprit d'équipe. Les jeux comme la pétanque ou les fléchettes (utilisez des fléchettes aimantées) exigent également d'attendre son tour.

- **Encouragez les enfants à provoquer le partage**

Par exemple, il est souvent tentant d'intervenir et de résoudre un problème en disant : « Agnès, donne à Anna un peu de ton papier, elle n'en a plus. » Préférez plutôt : « Anna, demande à Agnès si elle peut te donner un peu de son papier. »

- **Encouragez les enfants à partager**

Si vous remarquez qu'un enfant vient de cesser de jouer avec un jouet, vous pouvez lui demander de le proposer à un autre. Vous pouvez envisager d'utiliser un minuteur. Quand la durée est écoulée pour l'enfant, encouragez-le à dire à l'autre : « C'est ton tour. » N'oubliez pas de le féliciter.

- **N'oubliez pas que les nouveaux jouets encouragent la possessivité**

Laissez l'enfant décider s'il accepte ou non de partager un nouveau jouet avec d'autres. Si vous savez qu'il sera possessif, rangez le jouet avant que d'autres enfants n'arrivent.

- **Donnez l'exemple en partageant**

Quand vous jouez ou que vous faites des activités avec des enfants, partagez les objets avec eux. Demandez-leur de les partager avec vous. Par exemple : « Je peux t'emprunter ton crayon bleu ? » N'oubliez pas de les féliciter lorsqu'ils partagent.

- **Aidez les enfants à apprendre l'échange**

Répartissez un paquet de pastels ou de crayons de couleur entre des enfants. Dites-leur de faire un dessin multicolore. Cela les encouragera à échanger leur matériel contre celui d'un autre.

- **Encouragez les activités d'entraide**

Encouragez les enfants à accomplir des tâches qui impliquent de s'occuper de quelque chose (arroser des plantes ou nourrir un animal, par exemple). Ce type d'activité est particulièrement gratifiant.

- **Racontez des histoires**

C'est très amusant pour toute la famille et cela peut représenter un bon exercice en voiture. Les règles sont simples. La première personne commence une histoire qu'elle invente par « Il était une fois... » Chaque joueur ne peut inventer qu'une seule phrase ou parler que durant un certain temps, trente secondes, par exemple. Quand il s'arrête, le joueur suivant doit continuer l'histoire là où elle a été laissée, jusqu'à la conclusion : « Ils vécurent heureux et eurent beaucoup d'enfants. » Cet exercice est utile parce qu'il oblige à attendre son tour et aide à développer les facultés d'écoute. L'enfant doit écouter ce qui est dit avant de continuer.

Un autre jeu pour la voiture est l'indémodable jeu du chapeau. Par exemple : « Dans mon chapeau, j'ai mis des fruits », ou « Dans mon chapeau, j'ai mis des mots qui commencent par la lettre A » (pour les enfants plus jeunes, vous pouvez utiliser la première syllabe entière).

En résumé

- Encouragez l'enfant à attendre son tour en montrant l'exemple et en pratiquant des activités qui nécessitent d'attendre son tour et de partager.

- Organisez des activités nécessitant la collaboration, comme la peinture de fresques, la fabrication d'affiches, de cartes de vœux, le jardinage ou le travail du bois.

- Organisez des activités comme les jeux de plateau, de cartes, les parties de pétanque ou de fléchettes.

PARTIE 3

ENSEIGNER À VOTRE ENFANT LES PRINCIPALES COMPÉTENCES DE LA VIE

Maîtriser ses émotions est l'une des facultés les plus difficiles à apprendre. Certaines personnes ont du mal à y parvenir durant toute leur vie. Les individus qui ne peuvent maîtriser leur colère entrent fréquemment dans des conflits ayant des conséquences déplaisantes qui les mènent parfois en justice. D'autres peinent à maîtriser leur anxiété et vivent dans l'inquiétude permanente. Le meilleur moment pour apprendre les compétences de maîtrise de soi se situe entre trois et sept ans. C'est le moment où se termine la terrible période des deux premières années (voir l'appendice). Bien sûr, nous continuons d'apprendre durant toute notre vie, mais si nous pouvons enseigner aux enfants les bases dès les premières années, nous leur donnons un bon départ.

La première étape pour contrôler ses émotions est d'en reconnaître l'existence. C'est seulement lorsqu'il est trop tard que bien des enfants (et des adultes) parviennent à reconnaître qu'ils se laissent dominer par leurs émotions. Entre-temps, celles-ci se sont accumulées et ne peuvent plus être maîtrisées. Une fois cela arrivé, il est difficile de revenir en arrière. Lorsque les enfants apprennent à reconnaître de bonne heure les émotions, il est possible de leur inculquer d'autres manières de réagir. Pour réduire les émotions destructrices, ils peuvent apprendre la relaxation, les méthodes de contrôle respiratoire et l'autosuggestion, qui consiste à se libérer de ces émotions.

Toutes ces techniques, présentées dans le chapitre suivant, ont été d'un grand secours pour de nombreux enfants. Certains ne sont pas prêts à apprendre toutes les méthodes et il est donc important de ne pas les y forcer. Essayez plus tard, ils seront peut-être plus réceptifs.

Chapitre 12
Les sentiments

Notre corps est conçu pour réagir à la menace ou au danger. C'est ce que l'on appelle la réaction de fuite ou de lutte, ou réponse au stress. Le foie secrète du glucose pour nous apporter un surcroît instantané d'énergie. L'adrénaline se diffuse dans le sang pour stimuler l'organisme, accélérer le cœur et les poumons de façon à ce que le glucose soit rapidement transporté dans les zones où il est nécessaire. En outre, notre seuil de tolérance à la douleur s'élève.

Le stress produit également une sensation nauséeuse et une envie pressante d'uriner. Les scientifiques pensent qu'il agit ainsi pour perdre facilement du poids et s'échapper plus vite (réaction de fuite). Lorsqu'un grizzly vous poursuit dans la forêt, quelques secondes peuvent faire la différence entre le salut et la mort.

Bien sûr, à notre époque moderne, la source de menace la plus répandue sera une dispute avec les voisins, une hotline téléphonique, le patron ou les collègues. Dans ces situations, bander ses muscles, entrer en hyperventilation, avoir des palpitations et perdre le contrôle de ses sphincters n'est probablement pas la manière la plus impressionnante de réagir.

Je dirigeais un atelier de compétences sociales pour un groupe d'enfants de six ans particulièrement difficiles. Nous parlions des émotions. Je me croyais en terrain sûr quand je commençai à parler du bonheur. Je leur demandai de se rappeler quelque chose qui les avait rendus heureux. Une main se leva aussitôt.

« Moi, moi, moi !, s'écria Arthur.

— Arthur, tu veux nous dire ce qui t'a rendu heureux ? demandai-je.

— Ouais, ma mère, elle s'est mal conduite. Elle a quitté mon père. Elle prenait de la drogue. Et puis un samedi à minuit, mon père est passé par la fenêtre de ma chambre pour m'emmener. Ça m'a rendu très heureux.

— Oh... euh... Merci de cette histoire, Arthur. »

Ne sachant pas très bien quoi dire de plus, je passai rapidement à la fillette assise à côté de lui, qui avait un bras dans le plâtre. Il était temps de passer à un autre registre d'émotions.

« Clara, peux-tu nous raconter une occasion où tu as été très triste ?

— Ouais, j'ai un nouveau tonton qui est venu vivre chez nous. Il m'a poussée dans l'escalier et je me suis cassé le bras. Ça m'a rendue triste. (Elle marqua une pause, puis une expression horrifiée se peignit sur son visage.) Oh, zut, il fallait pas que j'en parle ! »

J'ai fini ma journée en signalant le tout au service de protection de l'enfance.

Si les émotions sont nombreuses, les plus basiques sont la colère, la tristesse, le bonheur, la peur, la surprise et le dégoût. Enseigner aux enfants à reconnaître les émotions est très important.

• Cette reconnaissance est la première étape vers la maîtrise des émotions. J'ai eu comme patient un enfant qui présentait de gros problèmes d'agressivité. Il avait notamment donné des coups de pied dans la voiture d'un professeur, l'avait rayée avec une pièce, s'était enfermé dans une salle et avait renversé les chaises. Nous parlions de certains de ces méfaits (qu'il n'était pas vraiment disposé à admettre), quand il remonta son pull sur son visage. Puis il se leva et donna un coup de pied dans une vitrine. Quand je lui fis remarquer qu'il était en train de se mettre en colère, il hurla : « Je suis pas en colère ! » Si les enfants peuvent apprendre à reconnaître les premiers stades de la colère, ils auront plus de chances de la maîtriser. Sans quoi, elle s'emparera d'eux et sera très difficile à contrôler. Les individus qui se fâchent rapidement pour des peccadilles et qui ont des difficultés à se calmer entrent dans un schéma répétitif de comportement destructeur. Ces individus ont d'autres troubles psychologiques, sans parler des problèmes de santé (voir l'encadré tramé ci-dessous).

Bien des parents parlent à leurs enfants de l'importance d'une alimentation saine et du sport, parce qu'ils veulent qu'ils soient en bonne santé et en forme. Bien moins nombreux sont ceux qui leur parlent des émotions. Pourtant, la santé psychologique est fortement corrélée à la santé physique.

Un tiers de tous les accidents cardiaques surviennent chez des individus qui ne sont PAS en surpoids et qui n'ont pas d'excès de cholestérol. Des études récentes montrent que les personnes sujettes à la colère ont trois fois plus de risques d'avoir un accident cardiaque que les autres.

La colère semble plus dangereuse pour le système cardiaque si l'individu a un tempérament coléreux depuis son plus jeune âge. Dans les années cinquante, des chercheurs de l'École de médecine John Hopkins ont interrogé des jeunes gens sur leur manière de gérer le stress. Ils les ont suivis jusqu'à aujourd'hui en surveillant leur santé cardiaque. Cette étude réalisée sur mille hommes a montré que ceux qui réagissaient au stress par de violentes colères dans leur jeune âge présentaient cinq ou six fois plus de risques d'accidents cardiaques avant cinquante-cinq ans.

Ces mêmes individus avaient trois fois plus de risques d'avoir des problèmes cardiaques tels que l'infarctus, l'artériosclérose, l'hypertension, l'insuffisance cardiaque congestive et la mort subite par accident cardiaque.

Avec l'augmentation de l'obésité infantile et le poids grandissant du stress dans notre existence, il est possible que nos enfants ne jouissent pas d'une espérance de vie aussi longue que la nôtre. Ils courent le risque de souffrir de davantage d'affections chroniques dues à leur mode de vie.

Une alimentation saine, des exercices physiques réguliers et une mise en garde contre la colère sont pour les parents une manière d'aider leurs enfants dès leur plus jeune âge.

• Tout en reconnaissant leurs propres émotions, les enfants doivent également savoir les reconnaître chez autrui. Certains ont du mal à l'apprendre. Les enfants aux tendances très agressives sous-estiment dans la même proportion la peur qu'ils lisent sur le visage des autres enfants. Ils ne se rendent pas compte à quel point ils les effraient. Si ces enfants apprennent à reconnaître les émotions chez les autres, ils seront moins susceptibles de se battre et mieux à même de gérer les problèmes différemment.

Certains enfants doivent apprendre à gérer des émotions qu'ils ne devraient jamais connaître.

Billy était un gentil garçon poli de sept ans. Sa mère disait qu'il se comportait bien la plupart du temps et ne désobéissait pas. Ses professeurs déclaraient qu'il se tenait bien en classe et posait rarement des problèmes. Seulement, il était pyromane. Il mettait principalement le feu chez lui, dans sa chambre. Une fois, il déclencha un incendie à l'école. Puis il mit le feu au berceau de sa petite sœur de douze mois. Nous commençâmes à penser que nous avions un dangereux délinquant sur les bras.

Rien ne semblait fonctionner et Billy refusait d'expliquer pourquoi il agissait ainsi. Nous le découvrîmes cependant un jour : sa mère, une très séduisante jeune femme, arriva totalement amochée. Son concubin l'avait violemment battue. Ce n'était pas la première fois, mais Billy avait trop peur pour en parler à quiconque. C'est pourquoi il lançait des signaux de fumée à la place.

Apprendre aux enfants à reconnaître les émotions

Mon fils Martin (sept ans à l'époque) n'était pas du tout content de retourner à l'école après deux semaines de vacances.

« Je ne veux pas aller à l'école ! » s'exclama-t-il avec humeur.

Je lui fis la réponse prévisible :

« Je sais ce que tu éprouves. Je n'ai pas envie de travailler non plus.

— Toi, ça va, répondit-il, encore plus furieux. Tu n'as pas passé deux semaines de vacances ! »

Comment les parents peuvent-ils apprendre aux enfants à reconnaître les émotions, les leurs comme celles des autres ? Plusieurs manières sont exposées plus loin.

Les enfants aux tendances très agressives sous-estiment dans la même proportion la peur qu'ils lisent sur le visage des autres enfants. Ils ne se rendent pas compte à quel point ils les effraient.

Cependant, il convient de ne pas oublier qu'il ne s'agit pas de se concentrer uniquement sur les émotions négatives. Dans notre société, nous accordons trop d'importance à la dépression et à l'anxiété, et pas assez à des émotions positives comme le bonheur, la satisfaction et la fierté de la tâche accomplie. Si vous ne consacrez d'attention à l'enfant que lorsqu'il est triste ou en colère, cela risque de renforcer ces sentiments.

- **Faites remarquer ses émotions à votre enfant**

Vous pouvez commencer par les émotions de base : heureux, triste, fâché. Dites-le-lui chaque fois : « Tu as l'air heureux, aujourd'hui. » Ensuite, vous pourrez souligner des émotions plus subtiles comme la fierté : « Tu as l'air tout content de toi. »

- **Essayez de faire comprendre à votre enfant la relation entre ses émotions et la situation qui les a provoquées**

« Qu'est-ce qui te rend si heureux ?

– J'ai une surprise pour papa ! »

- **Encouragez-le à identifier lui-même ses émotions**

« Tu t'es bien amusé à la fête ? qu'est-ce que tu éprouves ? » « Oh, ta poupée est cassée ! qu'est-ce que ça te fait ? »

- **Faites connaître à votre enfant vos émotions**

Cela l'aidera à apprendre à relier celles des autres à leur langage corporel et à leurs expressions faciales. Surtout, ne vous concentrez pas sur les émotions négatives. Dites des choses comme : « Je suis tellement content que tu aies eu de bonnes notes » ; ou : « Quelle belle journée. Je suis toujours de bonne humeur par un temps pareil » ; ou : « Je viens de casser ma tasse préférée, je suis un peu triste, du coup ».

- **N'oubliez pas que vous êtes son modèle**

Quand vous exprimez de l'irritation, il importe de vous rappeler que vous êtes un modèle pour votre enfant. Si quelqu'un se conduit mal avec vous et que vous dites à l'enfant que cela vous met en colère, par exemple, aucun problème. Cependant, si vous allez flanquer un coup de poing à cette personne ou l'injurier, vous ne donnez pas l'exemple et vous ne réagissez pas à la colère de la meilleure manière.

- **Identifiez les émotions des gens**

Vous pouvez le faire avec la télévision, les livres ou dans la vraie vie. Il est bienvenu d'utiliser des livres illustrés et de demander à l'enfant de nommer les émotions représentées par les images. S'il n'y a pas d'illustration, mais des descriptions des différentes émotions, montrez à l'enfant les expressions faciles qui correspondent. Ou demandez-lui de vous les montrer ou de les dessiner.

À un âge ou à un autre, la plupart des enfants font l'expérience de la mort d'un animal familier et cela provoque chez eux un profond chagrin. Profitez de cette occasion pour discuter des émotions.

Ma fille Nicole était très attachée à notre belle chienne, Heidi. Elles étaient inséparables et jouaient ensemble presque toute la journée et Heidi suivait Nicole partout.

Heidi eut un cancer. Elle était très malade au troisième anniversaire de Nicole, mais elle assista à la fête. Le lendemain, elle était morte. J'ai toujours pensé qu'elle savait que c'était l'anniversaire de la fillette et qu'elle avait tenu toute cette journée parce qu'elle ne voulait pas ternir cet événement.

Quelques jours après la mort d'Heidi, Nicole et moi partîmes faire une promenade.

« Je me demande ce que fait Heidi au paradis, dit Nicole.

— Je ne sais pas. Peut-être qu'elle joue à la balle.

— Peut-être qu'elle fait une promenade avec Jésus. »

Quelle belle pensée.

En résumé

- Les émotions destructrices comme la colère ont des conséquences néfastes sur la santé psychologique et physique.
- La première étape pour apprendre aux enfants à maîtriser les émotions négatives est de les aider à reconnaître leurs émotions.
- Aidez-les à les identifier en leur faisant remarquer lorsqu'ils sont heureux, tristes, etc. Il est important d'identifier toutes les émotions, négatives autant que positives.
- Enseignez à vos enfants à reconnaître les émotions des autres en identifiant vos propres émotions et en les leur faisant remarquer, sur des illustrations, à la télévision, etc.

Chapitre 13
Reconnaître les émotions des autres

Je roulais derrière une voiture et j'étais de plus en plus stressé : elle ne cessait de ralentir puis d'accélérer et de faire des embardées. Je commençais à perdre patience quand ma femme me fit l'une de ses fines observations sur l'autre conductrice :

« Elle n'arrête pas de regarder derrière elle. Je pense qu'elle doit avoir un siège de bébé derrière et que l'enfant pleure. »

Je remarquai que la femme se retournait en effet fréquemment et semblait parler à quelqu'un assis sur la banquette arrière. Ma femme devait avoir raison, comme d'habitude. Ma colère se dissipa aussitôt et je ralentis immédiatement pour laisser la voie libre à l'autre voiture.

Je ne m'étais concentré que sur les manœuvres de la voiture et leurs conséquences sur *moi*. Ma femme s'était mise à la place de l'autre personne et avait compris pourquoi elle se comportait ainsi. La manière dont nous percevons une situation peut avoir une énorme conséquence sur nos émotions et notre façon de réagir. Dans l'exemple ci-dessus, cette nouvelle perspective a immédiatement transformé mes émotions. Colère et actes agressifs sont souvent le résultat d'une méprise. Nous savons que les enfants très agressifs jugent souvent très mal des intentions des autres. Par exemple, un enfant peut bousculer un camarade agressif par inadvertance. Ce dernier interprétera cela comme un acte délibéré et pourra vouloir riposter.

Dans son dernier ouvrage, Joe Simpson[1] réfléchit sur les raisons qu'ont les gens d'être violents les uns envers les autres :

> J'ai toujours été nul pour me battre. Les rares fois où j'ai tenté de frapper un adversaire, le résultat a été plutôt inefficace. Soit je le manquais totalement, soit je le frappais là où il ne fallait pas, ce qui le faisait encore plus enrager. Une fois, j'ai voulu donner de toutes mes forces un coup de genou à l'entrejambe, mais je n'ai réussi qu'à atteindre la cuisse et, du coup, la situation a tourné au vinaigre. Une autre fois, dans une boîte de Sheffield, un ivrogne m'a donné un coup de boule et s'est effondré par terre à mes pieds en ruisselant de larmes. Étant plus grand que moi, il s'était simplement fracassé le nez sur mon front. Je n'ai jamais su pourquoi il avait voulu s'en prendre à moi. Je le voyais pour la première fois[2].

Les enfants, surtout les garçons, sont impliqués dans des agressions de bien des manières – en tant qu'agresseur, victime ou spectateur. Il est intéressant de noter que les victimes d'agression ont souvent des problèmes à maîtriser leur colère. À l'école, les terreurs ne s'en prennent pas à tous les enfants : ils choisissent soigneusement leur victime. Elle ne doit pas être aussi douée qu'eux pour la bagarre, mais avoir un type de réaction qui satisfera leur agresseur. Un enfant qui ne lui prête pas attention et s'éloigne est beaucoup moins distrayant qu'un enfant qui réagit aux harcèlements en perdant son sang-froid, en se mettant en colère et en donnant des coups dans le vide.

---

1. *Storms of silence*, Jonaton Cape.
2. Reproduit avec l'aimable permission de Random House Group Ltd.

Apprendre aux enfants à prendre en compte les émotions des autres sans pour autant diminuer leur esprit combatif est une affaire de dosage. Daniel Goleman, auteur d'*Intelligence émotionnelle*, rend le manque d'intelligence émotionnelle responsable d'une grande partie des tragédies de notre société. Il s'agit de la faculté de reconnaître et de comprendre nos propres émotions comme celles des autres, ainsi que de maîtriser les nôtres. Selon Goleman, des drames comme le massacre de Columbine (où un élève abattit plusieurs de ses camarades par balle), ou les vols avec agression de personnes âgées sans défense, ne se produiraient pas si tout le monde apprenait à être émotionnellement intelligent. Nous contrôlerions davantage nos émotions et nous témoignerions davantage d'empathie (la capacité à partager une émotion avec autrui) envers les autres.

Pourtant, notre société valorise la compétition, la victoire et l'appropriation, pour lesquelles il est nécessaire de ne pas prendre en compte les émotions d'autrui. Enseigner aux enfants à reconnaître et à respecter les émotions des autres réduit-il leurs chances de réussite dans un monde compétitif ?

Je me rappelle avoir eu une intéressante conversation avec un père qui était videur de boîte de nuit. Son fils, Antoine, m'avait été adressé par son école parce qu'il était toujours mêlé à des bagarres lors des récréations. Antoine n'avait que sept ans, mais il était grand et robuste. En outre, il faisait du karaté depuis l'âge de quatre ans. J'essayai de convaincre son père de le dissuader de se bagarrer. L'homme avait un argument très raisonnable à l'encontre de ma suggestion :

« Eh bien, écoutez, ce n'est pas une lumière. Il n'ira jamais à l'université et ne travaillera jamais dans un bureau comme vous. Nous vivons dans un quartier pauvre et difficile. Les autres gosses sont des durs. Quand il sera plus grand, il fréquentera des endroits difficiles où il est voué à s'attirer des ennuis. Et qu'est-ce qu'il fera comme boulot ? Il sera probablement videur comme moi. Il faut qu'il soit dur et qu'il sache se battre. »

Nous discutâmes un bon moment et nous finîmes par convenir que son fils avait en effet besoin de savoir se battre pour se défendre. Et aussi d'apprendre à ne pas provoquer délibérément les autres et leur chercher des noises. Nous nous séparâmes en bons termes et nous nous serrâmes la main. Quand il prit la mienne, j'entendis mes os craquer et il me fallut trois jours pour pouvoir écrire de nouveau.

Le père d'Antoine était du genre réfléchi. Au départ, pour lui, toutes ces histoires de « psychologie » étaient des foutaises et il voulait que son fils soit un dur. Il craignait qu'enseigner à l'enfant des techniques psychologiques en fasse une mauviette. Pourtant, il était disposé à comprendre que ce n'était pas inéluctable, qu'il est possible d'être compétitif et de savoir se défendre tout en étant capable de penser aux autres et à ce qu'ils éprouvent. En fait, les enfants qui montrent plus d'empathie sont meilleurs à l'école. Ils sont plus doués pour l'analyse et plus créatifs.

L'empathie consiste à reconnaître les émotions des autres et à les partager. Il ne faut pas y voir de la faiblesse. On peut être empathique tout en étant toujours très compétitif. Bien des sportifs de très haut niveau ont parallèlement des activités auprès d'œuvres de bienfaisance. De même, beaucoup d'acteurs travaillent avec des organisations caritatives, et pourtant, il existe peu de milieux plus compétitifs et retors que le leur. Mère Teresa était extraordinairement empathique, mais c'était aussi quelqu'un d'extrêmement solide.

Peut-on être videur et avoir de l'empathie ? Oui : j'en ai connu un, le père d'Antoine. Quelqu'un qui est bon avec les siens, qui se sert de ses gros bras pour porter les enfants et aider les vieilles dames à traverser et qui ne cherche pas querelle, mais qui, en cas de problème, peut utiliser sa force sans excès. Il faut juste qu'il apprenne à ne pas broyer les mains des gens qu'il salue.

Pouvons-nous changer la société comme l'estime Daniel Goleman ? Oui, mais le changement doit commencer avec les enfants et provenir des familles. Si tous les parents étaient à l'écoute des besoins de leurs enfants et les élevaient pour qu'ils réussissent le mieux possible, gèrent leurs émotions destructrices, résolvent les conflits et tiennent compte des autres, cela changerait beaucoup de choses. Nous avons connu la révolution industrielle et l'âge de la technologie de l'information. Il est temps de commencer à nous occuper de notre potentiel d'êtres humains, et cela doit commencer avec nos enfants.

Les enfants qui montrent plus d'empathie sont meilleurs à l'école. Ils sont plus doués pour l'analyse et plus créatifs.

L'empathie est une faculté importante à inculquer aux enfants. Comme le démontre l'exemple qui ouvre ce chapitre, les femmes sont plus douées que les hommes de ce point de vue. Peut-être les mères sont-elles mieux à même d'enseigner à leurs enfants à se mettre à la place de l'autre et à imaginer ce qu'il éprouve. Si un enfant en est capable, il sera moins porté à agresser ou à harceler les autres.

Dès l'âge de trois ans, les enfants sont capables de reconnaître les émotions des autres. Ils sourient souvent quand ils voient les autres heureux. Il leur faut un peu plus longtemps pour distinguer les émotions négatives comme la peur, la colère ou la tristesse. Ils l'apprennent généralement vers cinq ans. Ci-dessous figurent quelques manières d'enseigner aux enfants à reconnaître les émotions des autres.

- **Encouragez les émotions positives**

La psychologie a tendance à se concentrer sur le contrôle des émotions négatives plutôt que d'encourager les émotions positives. On trouve partout des ouvrages aux titres tels que *Maîtrisez votre dépression, Refaire surface* ou *La Colère destructrice.* Pourtant, il est tout aussi important d'encourager les émotions positives. Nous pouvons y parvenir en offrant à l'enfant un environnement heureux, chaleureux et affectueux. Les techniques décrites aux chapitres 4 et 5 vous aideront à vous concentrer sur le positif et non le négatif. Nous pouvons faire passer à nos enfants des messages plus positifs par notre manière de parler. Au lieu de critiquer ouvertement les autres, faites remarquer comment ils pourraient se rendre utiles, en consacrant du temps à l'école, en s'engageant dans les activités extrascolaires comme le club de natation, de tennis ou de football. Parler aux enfants de modèles connus est un message très positif.

- **Pourquoi l'autre éprouve-t-il telle ou telle émotion ?**

Reconnaître les émotions des autres est la première étape. La suivante consiste à savoir *pourquoi* l'autre éprouve cette émotion.

« Le petit garçon a perdu son ballon. Qu'est-ce qu'il ressent, d'après toi ? »

« C'est l'anniversaire de James. Qu'est-ce qu'il éprouve ? »

« Karine vient de finir un joli dessin. Qu'est-ce que ça lui fait, à ton avis ? »

« Tu viens de prendre le jouet de Brendan ! Qu'est-ce que tu crois qu'il éprouve ? »

Vous pouvez aussi rappeler aux enfants ce qu'ils ont ressenti dans certaines situations désagréables :

« Le petit garçon vient de faire une chute de vélo. Toi aussi, tu es tombé, hier. Qu'as-tu ressenti ? »

« Damien vient de casser son jouet. Tu te rappelles quand ton camion de pompiers s'est cassé ? Qu'éprouve Damien à ton avis ? »

- **Soyez un exemple**

Il est important que les parents montrent l'exemple de l'empathie dans leurs relations avec les autres. Si nous pouvons voir une situation du point de vue d'autrui et en parler avec nos enfants, nous les aiderons à apprendre.

- **Montrez de l'empathie envers vos enfants**

C'est un excellent exemple.

- **Les animaux familiers peuvent aider le développement de l'empathie chez l'enfant**

Avoir un animal familier enseigne l'empathie à l'enfant. Nous pouvons utiliser les émotions de l'animal pour aider l'enfant à apprendre à voir avec les yeux d'un autre être vivant.

« Je crois que le chien sait que nous sortons : il geint. Qu'est-ce qu'il éprouve, à ton avis ? »

« Elle frétille de la queue. Tu crois qu'elle est contente ? »

- **Jouez à des jeux empathiques**

Jouer au docteur est une bonne manière de provoquer des réactions d'empathie, tout comme jouer avec des ambulances, des voitures de police ou des véhicules de secours. À ces occasions, vous pouvez parler des émotions des autres et expliquer comment on peut les aider.

- **Encouragez l'empathie**

Faites un commentaire positif à chaque manifestation d'empathie ou de comportement serviable entre frères et sœurs ou entre votre enfant et ses camarades.

Enseigner aux enfants à reconnaître les émotions des autres et à comprendre leurs réactions est important. Cela peut diminuer l'agressivité et encourager la compréhension : voir avec les yeux d'autrui est une étape cruciale sur la voie de la résolution des conflits.

En résumé

- Reconnaître les émotions d'autrui peut modifier notre manière de réagir et diminuer l'agressivité.
- L'empathie n'est pas un signe de faiblesse. Beaucoup d'individus solides et compétitifs témoignent d'une grande empathie.
- Parlez aux enfants des autres de manière positive et expliquez-leur ce qu'ils peuvent éprouver.
- Les animaux familiers sont efficaces pour susciter l'empathie chez les enfants, tout comme jouer au docteur ou au secouriste.

Chapitre 14
Apprendre à se relaxer

L'anxiété affecte un enfant sur dix. C'est le trouble psychologique le plus répandu chez eux. Le monde d'aujourd'hui est plus complexe et moins sûr et change toujours plus vite. Tous les enfants ont leurs moments d'anxiété et de terreur et tous doivent apprendre à gérer inquiétude et anxiété. Celle-ci est en partie génétique. À l'époque primitive, les individus sensibles au stress étaient également doués pour éviter le danger et cela augmentait leurs chances de survie. Une réaction de fuite ou de lutte très adaptée était un atout. Cette sensibilité, que nous appelons désormais anxiété, a été transmise aux générations suivantes. Aujourd'hui, être en permanence sur le qui-vive et sensible au stress n'est plus aussi utile. Cela implique donc que les individus sensibles doivent apprendre à contrôler leur réponse naturelle au stress.

Les enfants qui ont été maltraités sont en état d'alerte permanente. Ils vivent avec le danger et doivent apprendre à y survivre. Ils ne prennent pas le risque de dormir profondément trop longtemps la nuit. Durant le sommeil, nous passons par des phases de sommeil léger (d'où nous nous éveillons plus facilement) et de sommeil profond. Chez les enfants maltraités, des ondes « d'alerte » parcourent en permanence leur cerveau pour les empêcher de sombrer dans le sommeil profond. Ces enfants présentent trois fois moins de périodes de sommeil profond que les autres.

Le sommeil profond est important pour le développement de l'enfant. C'est durant ses phases que sont secrétées les hormones de croissance et qu'est réparé notre système immunitaire. Conséquence de leur manque de sommeil profond, les enfants maltraités sont souvent plus petits que la moyenne et plus facilement affectés par les maladies. Les hormones du stress circulent également continuellement chez eux et peuvent ralentir le développement cérébral.

Dans certains cas d'agression sexuelle d'enfants, le souvenir de l'événement peut être refoulé, car trop douloureux. Le souvenir est présent dans la mémoire inconsciente et non dans la mémoire consciente, et l'enfant éprouvera des angoisses sans en connaître la raison.

La relaxation

Il n'est pas facile de se détendre quand nous sommes stressés. Le pire que puisse me dire un médecin qui évacue l'air d'une énorme seringue, c'est : « Détendez-vous, maintenant. » Je suis trop tendu pour cela.

Pour que la relaxation soit efficace, elle doit être pratiquée régulièrement afin de diminuer le niveau général d'anxiété. Une relaxation régulière calme le système nerveux. Si nous sommes plus détendus de manière générale, quand nous sommes confrontés à une situation terrifiante notre niveau d'anxiété ne monte pas trop haut.

Les exercices de relaxation fonctionnent le mieux chez les enfants à partir de quatre ans. Cependant, ils sont plus ou moins disposés à les exécuter. Certains les pratiquent tous les jours, d'autres sont prêts à tout pour les éviter. Les enfants les feront d'autant plus volontiers que leurs parents les accompagneront. Essayez de trouver un horaire régulier : cela ne prend qu'une dizaine de minutes. Le matin est généralement un moment de précipitation – l'après-midi et le soir sont plus conseillés.

Voici deux exercices de relaxation que vous pouvez faire avec l'enfant. Ils prennent l'un comme l'autre dix minutes. Le premier est adapté aux enfants de quatre à six ans. Le second est pour les plus âgés. Ils se présentent sous la forme d'un script que vous pouvez lire à l'enfant. Mieux, enregistrez-le et passez la cassette de manière à pouvoir faire l'exercice avec l'enfant et en tirer vous aussi des bénéfices.

L'anxiété affecte un enfant sur dix. C'est le trouble psychologique le plus répandu chez eux.

Exercice de relaxation pour les enfants de quatre à six ans

Votre enfant doit s'allonger sur le dos, les bras le long du corps.

Être relaxé signifie laisser son corps inerte et tout mou, exactement comme une poupée de chiffon. Quand tu es relaxé, tu te sens très calme, en paix et heureux. Allonge-toi sur le dos, les bras simplement étendus le long du corps. Ferme doucement les yeux. Garde-les fermés durant l'exercice.

Je veux que tu imagines que tu as deux chiens et que tu les emmènes en promenade dans le jardin. Tu les tiens tous les deux en laisse, un dans chaque main. Montre-moi comment tu tiens solidement les laisses, bien serrées.

Soudain, un autre chien passe devant le jardin. Tes deux chiens veulent courir après lui et tirent sur leurs laisses. Il faut les empêcher de s'enfuir et les retenir de toutes tes forces. Tire... Tire encore plus... De toutes tes forces. Pfft ! L'autre chien est parti à présent et tes chiens ne tirent plus. Tu peux te détendre.

(Attendez dix secondes)

Maintenant, je veux que tu fasses comme si tes jambes étaient des piquets de bois. Rends-les toutes dures et toutes raides. Bien droites et toutes raides, encore plus dures. Maintenant, détends-les et sens comme elles deviennent molles et inertes.

(Attendez dix secondes)

Fais comme si tu étais debout à côté d'un réverbère. Tu regardes derrière le réverbère et tu vois un monstre féroce qui vient vers toi. Si tu cours, il va te voir et te poursuivre. Il n'y a aucun endroit où te cacher sauf derrière le réverbère. Mais le poteau est très étroit et tu dois te faire le plus mince possible, sinon le monstre va te voir. Fais-toi le plus mince possible... encore plus... encore plus. Pfft ! Le monstre est parti, tu peux te détendre, maintenant.

(Attendez dix secondes)

Maintenant, je veux que tu imagines que tu es dans la jungle. Tu es allongé et tu te détends après une dure marche. Tout à coup, tu entends un bruit. Boum... Boum... Boum... Il se rapproche, de plus en plus, et tu vois un bébé hippopotame qui fonce sur toi. Il court très vite et tu n'as pas le temps de t'enfuir. Alors, tu vas durcir ton ventre pour ne pas avoir mal quand il marchera sur toi. Allez, durcis ton ventre, encore plus... encore plus. Pfft ! Il a rebroussé chemin. Maintenant, tu peux laisser ton ventre se détendre.

(Attendez dix secondes)

À présent, je veux que tu fasses une grimace de colère. Fronce tous les muscles de ton visage. Aie l'air le plus en colère possible. Tu remarques comme ton visage est tendu quand tu es en colère ? Maintenant, fais une grimace de tristesse. Les muscles autour de ta bouche se tendent et la tirent vers le bas. Ce n'est pas très agréable. Maintenant, détends-toi, avec un joli sourire. Ton visage est détendu et c'est agréable.

Maintenant, entraînons-nous à respirer lentement et gentiment. C'est important de respirer doucement, lentement et profondément, quand on se relaxe. Quand je te le dirai, tu respireras doucement, lentement et profondément. Retiens ton souffle pendant que je compte jusqu'à cinq, puis expire, lentement et doucement. Tu es prêt ?

Inspire, lentement et doucement... 1... 2... 3... 4... 5... Expire lentement et doucement. *(Répétez inspiration et expiration quatre fois).*

Maintenant, je veux que tu continues à respirer lentement et doucement.

(Attendez une minute)

À présent, quand je compterai jusqu'à trois, tu ouvriras les yeux. Tu seras réveillé, mais parfaitement détendu. 1... 2... 3... Ouvre les yeux.

Exercice de relaxation pour les enfants plus âgés

Comme dans l'exercice précédent, l'enfant doit s'allonger sur le dos, les bras le long du corps. Lisez-lui le texte suivant d'une voix apaisante, sans vous presser :

Être relaxé signifie laisser son corps inerte et tout mou, exactement comme une poupée de chiffon. Quand tu es relaxé, tu te sens très calme, en paix et heureux. Allonge-toi sur le dos, les bras simplement étendus le long du corps. Ferme doucement les yeux. Garde-les fermés durant l'exercice.

Tu vas t'entraîner à raidir et à tendre ton corps, puis à le détendre. Cela va te permettre d'apprendre la différence entre les deux états : tension, quand ton corps est dur et tendu, et relaxation, quand il est mou et détendu. Quand je te le dirai, tu commenceras à raidir chaque partie de ton corps l'une après l'autre.

D'abord, crispe tes orteils... crispe-les le plus possible. Maintenant, durcis et raidis tes jambes, comme des piquets... Raidis-les et durcis-les... Encore et encore. C'est bien.

Maintenant, durcis ton ventre... durcis-le le plus possible... rentre-le bien. Ensuite, raidis les muscles de ta poitrine. Tu remarques comme c'est difficile de respirer quand on a les muscles de la poitrine tout tendus ?

Maintenant, raidis tes bras et serre les poings. Encore plus... encore plus... Tes bras doivent être tout raides et tes poings les plus serrés possible. Enfin, fais une grimace de colère, fronce tous les muscles du visage.

Tout ton corps est maintenant raide et tendu, tous tes muscles aussi. Raidis encore et encore tout ton corps.

Maintenant, prends une profonde inspiration et retiens-la.

(Attendez cinq secondes)

À présent, expire lentement. En expirant, détends tout ton corps. Laisse tous tes muscles se détendre.

Ne crispe plus les orteils. Laisse-les aller. Détends tes jambes... laisse-les simplement reposer sur le sol.

Laisse ton ventre se détendre et maintenant ta poitrine. Laisse tes bras se ramollir et rester inertes... Laisse tes mains s'ouvrir doucement. Détends tous les muscles de ton visage.

Tout ton corps est maintenant mou et détendu. Il est peut-être chaud, lourd et relaxé.

Maintenant, entraînons-nous à respirer doucement et lentement. C'est important de respirer profondément et lentement quand on se détend. Quand je te le dirai, tu respireras profondément, doucement et lentement. Retiens ton souffle pendant que je compte jusqu'à cinq, puis laisse-le s'échapper, lentement et doucement. Tu es prêt ?

Inspire, lentement et doucement... 1... 2... 3... 4... 5... expire lentement et doucement.

(Répétez inspiration et expiration quatre fois)

Maintenant, je vais te dire un mot que tu devras prononcer chaque fois que tu expireras. En même temps que tu expires, tu diras intérieurement : « calme ». Dis-le chaque fois que tu expires. Continue de respirer doucement, lentement et profondément, et chaque fois que tu expires, dis intérieurement : « calme ».

(Attendez une minute)

À présent, je vais compter jusqu'à trois et tu ouvriras les yeux. Tu seras réveillé, mais détendu... 1... 2... 3... Ouvre les yeux.

Les visualisations

Pour certains enfants, imaginer une scène paisible facilite leur relaxation. Après avoir pratiqué les exercices, demandez à votre enfant de penser à un lieu où il se sent très détendu et d'imaginer, les yeux toujours fermés, qu'il s'y trouve réellement. Demandez-lui de voir toutes les couleurs, d'entendre tous les sons et de sentir toutes les odeurs.

Vous pouvez également l'emmener mentalement dans un endroit que vous savez à son goût. Par exemple, vous pouvez débuter une visualisation ainsi :

Imagine que tu es allongé sur l'herbe près d'un torrent et que tu regardes une montagne au sommet enneigé. Bien qu'il y ait encore de la neige tout en haut, là où tu es, il fait chaud et il y a du soleil. Le torrent bouillonne devant toi et l'eau est limpide comme du cristal. Tu vois même les poissons qui filent et qui dansent.

Tu lèves les yeux vers la montagne au-dessus de toi et tu vois la neige qui scintille dans le soleil. Tu y monteras peut-être un jour. Tu vois un aigle solitaire qui décrit des cercles dans le ciel et plane avec grâce dans le vent.

Les bruits apaisants du torrent se mélangent à ce spectacle paisible de la montagne pour te détendre agréablement. Il n'y a rien qui te tracasse et tu sais que tu peux toujours penser à cet endroit pour te détendre.

Beaucoup d'enfants apprécient les scènes de plage. Si vous fréquentez ce genre d'endroit, vous pouvez ajouter des détails de votre cru à la description de la page 180.

Imagine que nous sommes dans un joli bungalow sur la plage. Il est tout bleu, avec un toit en tôle. Il se trouve juste sur la plage, tout seul, sans aucune autre maison ni personne alentour. Il suffit de sortir et tu es sur la plage. Tu sens la douceur du sable sous tes pieds. C'est une belle journée et la mer est d'un bleu éclatant. Les vagues ondulent doucement et tu entends leur murmure quand elles déferlent sur la grève. Tu entends les piaillements des mouettes qui dérivent dans le ciel. Tu t'approches du bord de l'eau et les vaguelettes viennent te lécher les pieds. C'est agréable et rafraîchissant.

Les effets de la relaxation peuvent être considérablement renforcés par certaines techniques décrites au chapitre suivant. J'avais comme patient un garçon de huit ans, Max, dont le père avait eu un grave accident de voiture (dont il s'était heureusement totalement remis). Après l'accident, l'enfant paniquait dès que ses parents sortaient. Ils ne pouvaient aller nulle part ni le confier à personne.

Lorsque Max est venu me consulter avec ses parents, je lui ai donné des exercices de relaxation à faire pendant deux semaines. Puis je lui ai demandé de trouver une phrase à évoquer mentalement quand ses parents étaient absents (ce point est développé dans le chapitre suivant). Max était un fan du *Seigneur des Anneaux*, et nous avons discuté de ce que son héros, Legolas, aurait pu se dire s'il était gagné par la peur. Max opta pour la phrase : « Je serai courageux, je serai fort. »

Dans le cas des peurs enfantines, il est crucial de travailler progressivement. Chaque étape fut discutée avec Max pour savoir ce qu'il serait capable de gérer. Il déclara qu'il pensait pouvoir supporter que ses parents s'absentent deux heures s'ils le confiaient à quelqu'un qu'il appréciait et s'ils ne partaient pas trop loin.

Max fit ses exercices de relaxation quotidiennement. Juste avant que ses parents sortent, il se relaxait à nouveau et s'entraînait à respirer. Nous nous sommes également assuré qu'il avait suffisamment de distractions pour ne pas céder à sa panique, et il fut ainsi autorisé à louer un jeu vidéo et un DVD.

Ses parents augmentèrent progressivement la durée de leurs absences et la distance, mais uniquement en fonction de ce que Max acceptait. Très vite, la situation revint à la normale.

Les exercices de relaxation sont plus efficaces quand ils sont pratiqués chaque jour. Il faut environ deux semaines pour constater un résultat notable. N'oubliez pas également que certains enfants apprécient vraiment ces exercices et les effets agréables qu'ils produisent, mais que d'autres y sont moins réceptifs. Encouragez vos enfants, mais ne les forcez pas. Essayez de pratiquer les exercices avec eux. S'ils résistent toujours, essayez les méthodes décrites au chapitre suivant.

En résumé

- L'anxiété affecte un enfant sur dix.
- Les exercices de relaxation pratiqués régulièrement peuvent diminuer l'anxiété de votre enfant.
- La visualisation peut renforcer le sentiment de relaxation de l'enfant.
- Pour que les exercices de relaxation fonctionnent au mieux, ils doivent être pratiqués quotidiennement (n'attendez pas de résultat notable avant les deux premières semaines).
- Certains enfants n'apprécient pas les exercices de relaxation. Ne les forcez pas à les faire.

Chapitre 15
D'autres moyens de diminuer l'anxiété

Les exercices de relaxation peuvent être très utiles, mais d'autres techniques peuvent augmenter considérablement les effets de la relaxation. Celles décrites ci-dessous sont à utiliser avec les exercices de relaxation ou en remplacement, si votre enfant ne les apprécie pas.

Dompter le monstre de la peur

Dans le chapitre 3, nous avons abordé la stratégie de la distinction du problème et de l'enfant par le biais de l'« objectivation » du problème. Cela implique de donner un nom au problème. Ensuite, l'enfant n'est plus le problème, c'est le problème qui *est* le problème, et c'est quelque chose que toute la famille (l'enfant y compris) peut combattre. Cela fonctionne très bien pour les peurs (si nécessaire, relisez le chapitre 3 où la technique est décrite en détail).

Bélinda avait huit ans. Ses parents avaient du mal à la coucher, et quand elle était au lit, elle ne s'endormait pas avant 23 heures. En conséquence, elle était fatiguée et irritable durant la journée et avait des difficultés de concentration à l'école. Elle avait peur que des cambrioleurs s'introduisent dans la maison durant la nuit. Nous avons discuté de cette peur qui l'empêchait de s'endormir. Bélinda décida de la baptiser « le monstre effrayant » et elle fit un dessin d'un monstre effectivement plutôt effrayant. Nous discutâmes de ce monstre sournois – car il attendait la nuit, lorsque Bélinda était toute seule dans son lit. Et de sa sottise, car la plupart des cambriolages ont lieu durant la journée et le monstre effrayant n'avait rien compris, puisqu'il ne venait que la nuit.

Nous avons conclu que le monstre effrayant n'aimait pas que Bélinda soit courageuse et détendue. Et encore moins lorsqu'elle pensait à autre chose qu'à lui une fois dans son lit. Nous avons donc enseigné à Bélinda des exercices de relaxation lui permettant de percevoir à quel point elle était courageuse et de dire : « Je suis une brave petite fille », au lieu d'avoir peur. Nous avons expliqué à Bélinda que cela affaiblirait tellement le monstre qu'il renoncerait et qu'il irait ailleurs.

Grâce à ces méthodes, en quelques semaines Bélinda alla se coucher détendue et dormit dès 20 heures 30.

L'AUTOSUGGESTION

Lorsque nous sommes dans une situation stressante ou effrayante, nous nous disons, par exemple (mentalement ou à haute voix) : « Oh, non, je crois que le patron m'a entendu dire ça. Je vais avoir des ennuis. Pourquoi suis-je incapable de tenir ma langue ? » Les enfants, bien qu'ils ne s'en rendent pas toujours compte, se parlent également lorsqu'ils sont dans une situation similaire. Souvent, la différence entre un enfant qui réagit bien à une situation et un enfant qui a des difficultés dépend de ce qu'il se dit à lui-même. Par exemple, imaginons un enfant qui doit faire un exposé devant sa classe. Un enfant anxieux peut penser :

« Je déteste parler devant les autres. Ça me met mal à l'aise, je vais sûrement dire des bêtises et tout le monde va se moquer de moi. Ça va être affreux. »

En pensant ainsi, l'enfant anxieux risque d'être tellement tendu que sa performance sera inférieure à ses possibilités. Comparez cela aux pensées de cet autre enfant :

« C'est difficile de parler devant toute une classe. Tout le monde est un peu mal à l'aise. Mais ça ne durera pas longtemps, et le professeur a dit que je m'étais bien débrouillé la dernière fois et ça m'a fait plaisir. Tout ira bien. »

Cet enfant a des chances de mieux s'en sortir, car il se communique des messages plus positifs. La différence entre un enfant qui gère bien une situation et un autre qui est anxieux vient de ce qu'il *pense* de cette situation.

Pour apprécier combien les pensées peuvent affecter les sensations physiques, fermez les yeux un instant et pensez à quelque chose de désagréable qui vous est arrivé par le passé. Essayez d'être le plus précis possible. Repassez les événements dans leurs moindres détails. Ensuite, ouvrez les yeux et constatez comment vous vous sentez physiquement. En général, la sensation est désagréable.

Maintenant, pensez à quelque chose d'agréable. Cela peut être votre endroit préféré, comme la plage, ou un jardin, un lieu que vous avez visité et qui reste gravé dans votre mémoire. Fermez les yeux et imaginez la scène le plus fidèlement possible – couleurs, odeurs, sons. Continuez le temps que disparaisse la sensation déplaisante éprouvée précédemment. Quand vous ouvrirez les yeux, vous remarquerez combien vous vous sentez mieux.

Cet exercice vous démontre combien les pensées peuvent influencer les sensations physiques. Si vous pensez à des images positives, vous vous sentez mieux dans votre corps que si vous avez des pensées négatives. En conséquence, en changeant votre manière de penser vous pouvez changer vos sensations physiques.

Pour apprendre aux enfants comment modifier leur manière de penser, vous pouvez leur enseigner à se parler d'une manière plus positive. Les psychologues appellent cela l'« autosuggestion ». Si les enfants utilisent l'autosuggestion positive dans des situations effrayantes, cela peut les aider à se sentir mieux.

L'autosuggestion consiste à demander à l'enfant de penser à une phrase qui le réconforte dans une situation stressante et de se la répéter mentalement dès qu'il se sent stressé.

Durant ma carrière, j'ai connu de nombreux parents qui m'ont inspiré. J'ai travaillé avec des gens dont l'enfant souffrait d'une maladie grave, parfois au stade terminal, d'infirmités, de retard mental ou d'autisme. Ce genre d'enfants exige des soins constants et souvent, les parents ne peuvent les laisser seuls longtemps ni les confier à quiconque. Ils ont besoin de subir des périodes d'hospitalisation, des examens, des visites à des spécialistes, etc. Les parents que j'ai vus s'acquittaient amplement de toutes ces tâches.

En travaillant avec ces familles, je me suis souvent demandé comment je réagirais en pareille situation. La réponse est que je l'ignore tout bonnement. Nous autres professionnels de la santé, nous voyons l'infirmité ou la maladie. Les parents, eux, voient l'enfant.

Presque sans exception, grâce au travail et au dévouement de leurs parents, la situation des enfants s'est sensiblement améliorée. Ces parents étaient des héros anonymes de notre société. Je me souviens en particulier d'un cas, la première fois où j'ai utilisé l'autosuggestion avec un enfant.

Jean, trois ans, souffrait d'une grave arthrite juvénile. Ses articulations étaient enflammées, enflées et rouges. Ses mouvements étaient considérablement réduits et douloureux. Cependant, dans le cas de l'arthrite, le mouvement constitue la thérapie, faute de quoi les articulations continuent de se détériorer. Les médecins avaient donné pour instruction à la mère de Jean de lui faire faire vingt minutes d'exercices de physiothérapie trois fois par jour lorsque l'état inflammatoire était au pire. Le problème, c'est que ces vingt minutes étaient une torture. Bien entendu, Jean ne pouvait pas comprendre que ces exercices amélioraient son état sur le long terme. Pour lui, cela faisait tout simplement mal et, pire, c'était sa mère qui lui infligeait ces douleurs. Chaque séance était un drame assorti de cris et de pleurs et, au lieu de vingt minutes, il fallait à sa mère largement plus d'une heure pour parvenir à achever les exercices nécessaires. Et à raison de trois fois par jour, cela compromettait sérieusement leur relation.

La différence entre un enfant qui gère bien une situation et un autre qui est anxieux vient de ce qu'il *pense* de cette situation.

Je travaillai avec la mère de Jean, qui était désemparée de devoir le faire souffrir, mais qui était également déterminée à le soigner. Jean était trop jeune pour nous dire ce qu'il pensait durant les exercices, mais il n'était pas difficile d'imaginer que ce n'était guère plaisant. C'était un enfant très intelligent, et nous lui expliquâmes que nous voulions qu'il choisisse une petite phrase à se répéter lorsque sa mère lui ferait faire ses exercices. Nous lui proposâmes notamment : « Je serai un brave petit garçon » ou : « J'y arriverai », mais elles ne lui convenaient pas. L'enfant et la mère trouvèrent finalement : « Bientôt fini. » Après quoi, durant toutes les séances, il devait se répéter : « Bientôt fini. »

Nous commençâmes avec quelques minutes de physiothérapie, mesurées avec un minuteur. Durant ce temps, Jean se répéta mentalement : « Bientôt fini. » Puis nous augmentâmes progressivement la durée jusqu'à atteindre les vingt minutes nécessaires.

Je demandai à la mère de Jean de continuer malgré les pleurs, ce qui était très difficile, mais il avait droit à un gros câlin à la fin. En quelques semaines, la mère parvint à lui faire faire les exercices en vingt minutes, trois fois par jour. Les cris et les souffrances de Jean avaient nettement diminué. Il se portait mieux. Ses parents aussi.

Utiliser l'autosuggestion est utile pour aider les enfants (et les adultes) à vaincre leurs peurs. Elle bloque toutes les pensées négatives dont se nourrit la peur et qui la font augmenter. Il est préférable que l'enfant choisisse lui-même la phrase à se répéter dans cette situation. Il convient qu'il prenne une profonde inspiration, puis qu'il la répète sans cesse. S'il n'en trouve aucune, voici quelques suggestions :

« Je serai courageux. »
« J'y arriverai. »
« Je suis fort. »
« Je suis brave. »

Et bien entendu, ma préférée : « Bientôt fini. »

Une autre manière d'encourager l'autosuggestion positive est d'amener l'enfant à penser à ses héros préférés – Spiderman, Harry Potter, Aragorn, un champion sportif ou un chanteur, peu importe, du moment qu'il est apprécié de l'enfant. Vous pouvez ainsi demander : « Que ferait Harry Potter ? Qu'est-ce que tu crois qu'il se dirait s'il avait peur ? »

Donner l'exemple

Les parents peuvent également montrer à leurs enfants comment eux-mêmes affrontent des situations stressantes. Nous en connaissons tous qui nous mettent mal à l'aise, mais peu de parents en parlent à leurs enfants. Si les parents réussissent à montrer à leurs enfants comment ils parviennent à gérer ce genre de situation, cela aidera leurs enfants. Dans mon travail, je donne souvent des conférences devant plus de cent personnes. J'ai beau l'avoir fait maintes et maintes fois, j'ai toujours le trac avant. Je resterai éternellement redevable à Jean, le petit arthritique de trois ans, pour avoir trouvé la phrase magique qui me permet d'affronter cette situation. Durant la conférence, je regarde de temps en temps la pendule et je me dis : « Bientôt fini. » Je n'ai aucun problème à dire à mes enfants, lorsqu'ils sont angoissés à la perspective de faire un exposé, que c'est ainsi que je procède. Être un bon modèle pour les enfants ne signifie pas que vous devez tout réussir vous-même à la perfection, comme le montre l'exemple suivant :

Quand je travaillais dans un grand hôpital universitaire, j'avais pour patiente une petite fille, Carla, d'environ douze ans, souffrant de diabète la contraignant à se faire régulièrement des piqûres d'insuline. Le problème est qu'elle avait une grave phobie des piqûres qu'aucun médecin n'était parvenu à surmonter.

Dans le cadre de son traitement, je jugeai nécessaire de fournir un modèle à l'enfant. Aucun de mes confrères ne s'étant porté volontaire, je dus me dévouer. Nous discutâmes du fait que je n'aimais pas les piqûres non plus, que nous allions utiliser des techniques de relaxation et d'autosuggestion, puis que je m'en servirais pour me faire une piqûre. Ensuite, ce serait au tour de Carla. Je dois avouer que cela me fit mal, et que je n'y pris aucun plaisir, et qu'elle se moqua de moi. Pourtant, cela marcha et elle se fit sa piqûre juste après moi.

Après réflexion, je m'aperçus qu'il valait mieux que je n'aie pas affronté la situation trop bien. Les études sur l'efficacité des modèles démontrent que les enfants ont du mal à s'identifier à quelqu'un qui réussit trop bien. Les meilleurs modèles sont ceux qui ont un peu peur, mais qui parviennent à la vaincre. Je suis relativement certain d'avoir fait montre de suffisamment de faiblesse humaine devant l'enfant et d'avoir au moins fait semblant de la surmonter.

C'est probablement pour cette raison que les livres et les films les plus appréciés mettent en scène des héros qui ont des difficultés et qui commencent par échouer avant de vraiment vaincre l'adversité lorsque l'enjeu est capital. Harry Potter, *Le Seigneur des Anneaux* et *Spiderman* en sont tous des exemples. Nous pouvons nous identifier à ces personnages.

La respiration

Quand nous sommes tendus, nous avons le souffle court et précipité, et nous respirons généralement par la bouche. L'une des manières les plus sûres de se calmer est de se concentrer sur sa respiration et de la ralentir. Ainsi, nous produisons une sensation de détente. D'ailleurs, certains adeptes du yoga disent que, si nous diminuons notre respiration jusqu'à quatre souffles par minute, nous entrons automatiquement dans un état de méditation.

Si la relaxation régulière quotidienne peut diminuer l'anxiété, contrôler sa respiration permet de se calmer très rapidement dans une situation tendue. Si vous vous entraînez suffisamment, cela peut devenir un « geste de secours ». Voici trois méthodes de respiration qui peuvent être utilisées par les enfants comme par les adultes.

La respiration profonde

Demandez à votre enfant de faire semblant d'être un gros ballon. Dites-lui de prendre une profonde inspiration et de gonfler le ballon le plus possible, puis de laisser échapper lentement l'air. Demandez-lui d'écouter le bruit de l'air qui sort de sa bouche.

Répétez l'exercice trois fois. Demandez-lui d'inspirer le plus lentement possible pour ne pas faire éclater le ballon. En expirant, il peut dire mentalement « Calme » ou « Détendu ».

Donnez l'exemple à l'enfant et pratiquez l'exercice au moment du coucher et lorsqu'il est en colère.

La respiration karaté

La respiration karaté est une bonne technique qu'apprécient les garçons parce que son nom fait masculin. Vous pouvez expliquer à l'enfant que les champions de karaté l'utilisent pour se détendre avant un combat. Faites la démonstration de manière à ce qu'il puisse vous imiter :

- prenez *lentement* une profonde inspiration par le nez,
- retenez votre souffle dans le ventre pendant quelques secondes,
- expirez lentement par la bouche,
- répétez trois fois.

La respiration yogi

La respiration yogi consiste à se concentrer sur le diaphragme (la membrane convexe séparant les poumons de l'abdomen). Lorsque le diaphragme se comprime vers le bas, il fait entrer l'air dans les poumons. La respiration mobilise également les muscles de la poitrine, mais s'ils sont utilisés seuls, la respiration est moins profonde.

Allongez l'enfant sur le dos, une main sur son ventre et l'autre sur sa poitrine. Demandez-lui de respirer lentement par le ventre, de manière à ce que la main posée dessus soit la première à se soulever (pour cela, le diaphragme doit s'abaisser). À mesure qu'il continue d'inspirer, la main posée sur la poitrine se soulève à son tour.

Lorsqu'il expire, la main sur la poitrine doit redescendre la première lorsque l'air est expulsé de la partie supérieure des poumons, puis la main posée sur le ventre redescend à son tour lorsque l'air est expulsé de la partie inférieure par le soulèvement du diaphragme.

Cela peut paraître compliqué, mais vous et votre enfant devez simplement vous concentrer sur vos mains qui se soulèvent et s'abaissent. Inspiration : la main sur le ventre se soulève en premier, suivie de la main sur la poitrine. Expiration, la main sur la poitrine s'abaisse en premier, suivie de la main sur le ventre.

Il vaut mieux en faire d'abord la démonstration à l'enfant.

Progressivement, demandez-lui d'inspirer de plus en plus lentement. Vous venez ainsi de lui enseigner la respiration yogi, qui est très bienfaisante physiquement comme psychologiquement.

Les méthodes de respiration s'allient efficacement à l'autosuggestion. Si votre enfant est anxieux, faites-lui prendre trois profondes inspirations pour se calmer avant de pratiquer l'autosuggestion.

Les exercices physiques

Quand nous sommes stressés, notre organisme se met en mode lutte ou fuite. Le rythme cardiaque et la respiration s'accélèrent : notre corps est prêt à l'action. Essayer de se relaxer dans un tel état peut être difficile, parce que cela revient en quelque sorte à nager à contre-courant. Le plus efficace en cas de stress est de pratiquer un exercice physique *avant* de se relaxer. Cela permet d'éliminer l'adrénaline qui est sécrétée lors du mode lutte ou fuite.

Les exercices aérobiques sont bons pour évacuer le stress. Ils accroissent l'efficacité de l'absorption de l'oxygène par l'organisme en augmentant l'activité cardiaque et pulmonaire. Voici quelques types d'exercices adaptés aux enfants :

- promenade à pied,
- promenade à vélo,
- trampoline,
- jogging,
- football,
- rugby,
- tennis,
- volley,
- basket.

Les exercices de relaxation pratiqués après ces exercices peuvent induire un état profond de relaxation. Une pratique quotidienne suivie de dix minutes de relaxation peut avoir d'excellents résultats au bout de deux semaines. Si vous les pratiquez avec votre enfant, vous en bénéficierez également.

Si votre enfant a de graves problèmes d'anxiété ou des phobies, il convient de consulter un spécialiste.

En résumé

- Séparer l'enfant et le problème peut contribuer à vaincre le monstre de la peur.
- L'autosuggestion est une manière efficace de contrer les pensées négatives.
- Les méthodes de respiration peuvent aider l'enfant dans les situations stressantes.
- L'exercice physique suivi d'exercices de relaxation peut produire un grand apaisement.

Chapitre 16
Aider les enfants à résoudre les problèmes

« Je voulais regarder *Les Simpson*, se plaint Tom.

— Va les regarder sur l'autre télé, je regarde mon émission, répond Alicia.

— Papa regarde les infos. Je veux voir *Les Simpson* tout de suite », rétorque Tom.

Des enfants jouent au badminton. Laurent frappe la balle. En face, Robert la manque de justesse.

« Elle était hors jeu, déclare Robert.

— Pas du tout, c'est toi qui l'as manquée, répond Laurent.

— Sûrement que non.

— Sûrement que si. »

Sophie a invité Brigitte à jouer chez elle. Sophie passe toute l'après-midi à jouer avec sa nouvelle Barbie. Brigitte veut jouer à autre chose. Elles se fâchent et finissent par bouder chacune dans leur coin.

Les conflits surviennent tous les jours et peuvent être une source de frustration pour les enfants comme pour les adultes. Les enfants qui ne peuvent pas résoudre un problème provoquent généralement l'escalade jusqu'au conflit. Nous en avons vu le premier exemple au chapitre 1 avec Ben qui avait des difficultés à trouver d'autres manières de réagir que l'agression. Si les enfants deviennent agressifs ou s'énervent chaque fois que se produit un conflit, ils risquent d'être rejetés par les autres. En revanche, les enfants qui savent résoudre un problème sont plus appréciés et plus capables d'affronter des situations différentes. Les enfants qui savent rester calmes, envisager plusieurs solutions et prévoir ont toutes les chances de mieux s'entendre avec les autres enfants et les adultes.

La résolution des problèmes est une compétence capitale, mais elle s'apprend sur le long terme. Les parents peuvent l'enseigner à leurs enfants dès l'âge de quatre ans jusqu'à la fin de leur scolarité secondaire. Les enfants (et bien des adultes) peuvent mettre très longtemps pour la maîtriser. Cependant, s'ils s'y entraînent dès leur jeune âge, quand ils vieillissent, utiliser cette compétence dans les situations de plus en plus complexes devient une seconde nature.

Les jeunes enfants peuvent apprendre les étapes simples de la résolution de problèmes. Les enfants de deux ans pensent généralement à eux-mêmes et n'envisagent les choses que de leur point de vue. Ils cherchent une issue qui satisfera leurs exigences.

À ce stade, la résolution de problèmes doit être très basique. La première étape est de fixer les limites d'un comportement inapproprié. En particulier, d'interdire tout geste dangereux : « Arrête de frapper Anna, tu lui fais mal. » Cela enseigne à l'enfant que c'est mal de frapper et l'aide à comprendre ce qu'éprouve l'autre. Enseignez la faculté de partager et d'attendre son tour comme décrit au chapitre 11, afin de poser les bases de la résolution de problèmes.

Dès l'âge de trois ans, les compétences linguistiques de l'enfant s'améliorent rapidement et il parle davantage. Cette augmentation de la communication a pour conséquence celle des disputes et querelles. Les enfants de cet âge ont tendance à être inflexibles et à ne penser qu'à eux-mêmes. « Non, c'est à moi ! » est le résultat le plus fréquent de toute tentative de négociation – et je connais bien des adultes qui n'ont pas dépassé ce stade.

Dès l'âge de quatre ans, les enfants sont en mesure d'apprendre des stratégies de résolution de problèmes plus souples. Ils peuvent commencer à comprendre les besoins des autres, à plaider leur cause et à écouter les doléances des autres (mais ils peuvent aussi recourir aux menaces et à l'agression).

Dès l'âge de cinq ans, ils peuvent voir les choses du point de vue d'autrui et concevoir des solutions qui conviennent aux deux parties, bien que cela ne se produise pas toujours.

Il existe également de grandes différences entre les enfants. Par exemple, ceux qui s'aperçoivent que l'agression a donné de bons résultats ont tendance à exercer leur domination sur autrui. D'autres sont enclins à céder.

La résolution de problèmes s'appuie sur bon nombre des compétences déjà abordées dans ce livre en les réunissant. Votre enfant en maîtrisera les étapes rapidement s'il sait :

- attendre son tour et partager (chapitre 11),
- commencer à reconnaître ses émotions (chapitre 12) et se calmer (chapitres 14 et 15),
- écouter (chapitre 10) et voir les choses du point de vue d'un tiers (chapitre 13).

Voici les cinq étapes pour enseigner à l'enfant comment résoudre les problèmes. Vous pouvez commencer dès l'âge de trois ans, mais l'enfant peut ne pas en saisir toutes les subtilités avant d'avoir quatre ou cinq ans.

ÉTAPE N° 1 : QUEL EST LE PROBLÈME ?

Notre inclination naturelle est d'intervenir dans les conflits entre enfants et de tenter de les résoudre, alors que nous n'avons pas assisté à tout. Cela n'aide pas les enfants à apprendre à résoudre leurs propres problèmes. Au lieu de cela, attendez et demandez aux enfants de décrire le problème, chacun leur tour – sans oublier de montrer votre faculté d'écoute (chapitre 10). Ensuite, résumez les points principaux.

Papa : O.K., qu'est-ce qui s'est passé ? Commence, Alicia.

Alicia : Je regardais mon émission et Tom voulait regarder *Les Simpson.* Je lui ai dit d'aller les regarder sur l'autre télé.

Papa : Tom ?

Tom : Tu regardais l'autre télé, papa. Elle a regardé son émission hier et, du coup, je n'ai pas pu voir la mienne. Ce n'est pas juste.

Alicia : Mais tu l'as regardée durant toute la semaine dernière !

Papa : Bien. Vous vouliez donc tous les deux regarder deux émissions différentes. Tom, tu as dit qu'il s'était passé la même chose hier soir. Alicia, tu as dit que Tom avait pu regarder *Les Simpson* toute la semaine dernière.

ÉTAPE N° 2 : QU'ÉPROUVES-TU ?

Cette deuxième étape se divise en deux parties. La première consiste à essayer d'amener les enfants à reconnaître leurs propres émotions. La seconde à leur demander ce qu'ils pensent de l'émotion ressentie par *l'autre* enfant. Ainsi, vous les aidez à apprendre qu'ils ne sont pas les seuls à être frustrés.

Papa : Qu'éprouves-tu, Tom ?

Tom : Je suis en COLÈRE !

Papa : Alicia ?

Alicia (fâchée) : O.K., qu'il les regarde. C'est toujours à lui qu'on cède !

Papa : Non, je te demande ce que tu ressens.

Alicia : Je suis énervée, j'ai manqué mon émission !

ÉTAPE N° 3 : SE CALMER

La colère empêche de résoudre les problèmes. Quand nous nous fâchons, au lieu de chercher une solution, nous perdons souvent notre temps à ressasser que nous avons raison et l'autre tort. Nous essayons de justifier notre comportement en disant, par exemple : « On lui cède toujours » ou : « Je ne peux jamais regarder ce que je veux, ce n'est pas juste ! » Une fois piégés dans ce schéma de pensée, nous sommes pris dans un cercle vicieux.

Les chapitres 14 et 15 décrivaient certaines méthodes permettant aux enfants (et aux adultes) de se calmer. Elles peuvent être utilisées pour diminuer la colère. Les techniques de respiration du chapitre 15 sont particulièrement indiquées dans cette situation.

« Prenons tous trois profondes inspirations et calmons-nous. N'oubliez pas de respirer par le nez et d'expirer par la bouche. Doucement, profondément. Prêts ? Inspirez... Retenez votre souffle. Comptez jusqu'à trois. Un... deux... trois. On recommence... »

ÉTAPE N° 4 : LES SOLUTIONS ALTERNATIVES

Nous préférons toujours *notre* solution : encouragez donc les enfants à trouver eux-mêmes leur solution. Les enfants sont plus disposés à l'accepter si elle vient d'eux-mêmes et non de vous. Ainsi, si vous pensez que vous connaissez la solution parfaite, ne dites rien et attendez de voir ce qu'ils proposent. Vous pourrez ensuite faire vos suggestions.

Donnez-leur le temps. Au début, ils peuvent ne pas avoir d'idées et vous devrez peut-être en proposer. Cependant, si vous les obligez à résoudre régulièrement les problèmes, ils trouveront de plus en plus facilement des idées. J'organise régulièrement des groupes de résolution de problèmes pour les enfants de quatre ans. J'utilise des marionnettes pour mimer un conflit. Dans un scénario, elles veulent jouer avec le même jouet et se disputent. La première fois que je demande aux enfants ce qu'ils suggèrent aux marionnettes de faire au lieu de se chamailler, je rencontre souvent le silence. Une fois qu'ils ont un peu d'entraînement et bien compris la technique, ils font tellement de propositions que je ne peux plus en placer une.

Revenons à notre dispute concernant la télévision :

Papa : Voyons. L'un de vous peut-il suggérer une manière de gérer ce problème de télévision ?

Alicia : En acheter une autre.

Papa : D'autres idées ?

Tom : Tu pourrais regarder les infos plus tard.

Papa : D'autres solutions ?

Alicia : Chacun son tour ?

Tom : Alors je manquerai des épisodes.

Alicia : On pourrait enregistrer *Les Simpson* et Tom les regarderait plus tard.

Tom : Pourquoi pas ton émission, alors ?

Alicia : Bon, d'accord, chacun son tour, alors. Je peux enregistrer la mienne un soir sur deux.

Tom : Papa pourrait enregistrer les infos tous les soirs, comme ça, on pourrait regarder nos émissions tous les deux !

Il est important d'encourager les enfants à envisager le plus de solutions possible à ce stade et de n'en écarter aucune : il s'agit réellement d'un *brainstorming*. Si vous commencez à déclarer que certaines idées sont idiotes, vous découragerez les enfants. Permettez l'échange d'idées et ils deviendront plus créatifs.

ÉTAPE N° 5 : DEMANDEZ AUX ENFANTS DE CONCEVOIR LA MEILLEURE SOLUTION

Vous avez laissé les enfants proposer plusieurs solutions sans en juger aucune. À présent, les enfants doivent réfléchir, creuser leurs idées et décider laquelle est la meilleure pour tout le monde. Bien entendu, certaines idées ne sont tout bonnement pas recevables. C'est le moment de le leur dire.

Papa : Examinons vos idées d'un peu plus près. D'abord, nous ne pouvons pas acheter de nouvelle télévision. Ensuite, je ne vais pas enregistrer les infos tous les soirs. Mais vous avez vraiment eu de bonnes idées tout de même. Creusons-les.

Alicia : Je pense qu'on pourrait regarder la télé chacun notre tour.

Papa : Tu crois que ça marcherait ?

Tom : Je crois qu'on se disputerait. Ce serait mieux d'enregistrer chacun notre tour.

Papa : Comment vous y prendriez-vous ? Un soir sur deux ou une semaine sur deux ?

Alicia : Un soir sur deux.

Tom : Oui, un soir sur deux.

Alicia : Préparons un calendrier.

Au début, ces négociations peuvent paraître maladroites, mais n'oubliez pas que vous enseignez à vos enfants une compétence qui leur servira toute leur vie. Soyez patients, ils finiront par apprendre à résoudre tout seuls leurs problèmes grâce à la raison et non à la colère.

QUAND NE PAS UTILISER LA RÉSOLUTION DE PROBLÈMES

Certains moments sont propices à la résolution de problèmes, d'autres non. Si votre enfant est énervé ou de mauvaise humeur, il n'écoutera pas. Si vos enfants se battent, mieux vaut les envoyer en suspension (voir le chapitre 7) plutôt que tenter de résoudre le problème sur-le-champ. Cela leur démontre qu'il y a des limites à ne pas franchir dans leur comportement.

Ensuite, quand la situation est plus calme, vous pouvez discuter de ce qui s'est passé, en commençant par dire que vous voulez éviter que les bagarres se reproduisent. Puis enchaînez en relatant l'incident et en utilisant les étapes de résolution de problèmes pour encourager les enfants à proposer des solutions.

Maman : O.K., Laurent et Robert, vous vous êtes disputés au tennis et vous vous êtes bagarrés. Que s'est-il passé ensuite ?

Laurent : Tu nous as séparés et envoyés tous les deux en suspension.

Maman : En vous battant, vous avez trouvé une bonne solution à votre dispute ?

Laurent et Robert : Non.

Maman : Qu'auriez-vous pu faire d'autre ?

La résolution de problèmes peut se montrer tout aussi efficace si vous intervenez en amont, avant que le conflit ne dégénère. Ensuite, vous pouvez l'utiliser avant que les émotions ne prennent le dessus. Si cette maman avait assisté à l'incident du tennis, par exemple, elle aurait pu intervenir avant que n'éclate la bagarre et utiliser les étapes de résolution de problèmes à ce moment-là.

Les feux tricolores

Certaines personnes se servent de l'image des feux tricolores pour résoudre les problèmes : cela offre une représentation visuelle des étapes à suivre. Les enfants peuvent dessiner cette image et la placer sur la porte de leur chambre.

Rouge	**Stop**	Quel est le problème ? Qu'est-ce que je ressens ? Respirer profondément trois fois et se calmer.
Orange	**Réfléchir**	Penser à des solutions alternatives. Penser à ce que donnerait chacune de ces solutions.
Vert	**Avancer**	Choisir la meilleure solution et la mettre en pratique.

Avec ma fille, alors âgée de deux ans et demi seulement, je discutais de la ville (nous habitons à la campagne).

Nicole : Il y a du monde en ville, hein ? Ils ont des feux tricolores en ville, hein ? Rouge et vert... et c'est quoi l'autre couleur ?

Moi (ravi de pouvoir en placer une) : Orange.

Nicole : Ah, oui ! Orange. Rouge, c'est pour s'arrêter, vert pour avancer et orange, c'est pour... tu fais comme tu veux !

En résumé

- La première étape de la résolution de problèmes est de demander aux enfants : « Quel est le problème ? »
- La deuxième consiste à déterminer ce que chacun éprouve.
- La troisième consiste à les faire se calmer en prenant trois profondes inspirations.
- La quatrième est de les aider à proposer des solutions créatives.
- La cinquième est de les aider à choisir la meilleure en examinant ce que chacune donnerait en pratique.

CHAPITRE 17
ENSEIGNER L'AFFIRMATION DE SOI

Déborah jouait dans le bac à sable avec la pelleteuse. Arriva Jacques, qui s'écria : « Donne-moi la pelleteuse ! » Il poussa Déborah et s'en empara. Déborah partit en pleurant voir la maîtresse, qui la ramena au bac à sable. « Jacques, Déborah a aussi le droit de jouer avec les jouets. Tu dois partager. » Mais Déborah ne voulait pas jouer à côté de Jacques : elle s'en alla jouer ailleurs.

L'affirmation de soi consiste à exprimer ses sentiments et à défendre ses droits, tout en respectant les sentiments et les droits des autres. Dans l'exemple ci-dessus, ni Jacques ni Déborah n'en ont fait preuve. Jacques a défendu ses droits sans respecter les sentiments de Déborah et celle-ci n'a pas défendu ses droits – elle a simplement cédé.

Malheureusement, nos enfants rencontreront bien des situations de ce genre. Les enfants ont beaucoup plus de risques que les adultes de connaître des circonstances où d'autres leur prennent leurs jouets, les insultent, les frappent ou les harcèlent. Ce sont des incidents quotidiens dans les écoles. En outre, même si nous refusons peut-être de l'admettre, il se peut que ce soit notre enfant l'agresseur.

L'agression est souvent « récompensée » : 80 % de tous les actes d'agressions entre jeunes enfants (jusqu'à cinq ans) sont « récompensés » par la soumission de leurs victimes qui cèdent leur bien. Les enfants agressifs ne prennent pas leur victime au hasard. Les études indiquent qu'ils ont plus tendance à choisir un enfant qu'ils pourront faire pleurer – cela leur donnera un sentiment de pouvoir. Ils recherchent des enfants qui sont souvent seuls et qui leur céderont le plus probablement, ainsi que ceux qui sont très émotifs et chez qui ils pourront provoquer une réaction.

Parents et professeurs ont souvent tendance à tolérer l'agression chez les garçons : « Oh, c'est juste un garçon. » Au chapitre 13, nous en avons vu un exemple : le fils du videur encouragé à apprendre à se battre et à jouer les durs.

Nous avons également tendance à encourager la soumission et l'acceptation chez les filles. Une étude a montré que les mères disaient à leurs filles de céder durant un jeu trois fois plus souvent qu'à leurs garçons. Dans le monde actuel, nous attendons des femmes qu'elles rivalisent directement avec les hommes dans le cadre professionnel. Enseigner aux filles la soumission n'est pas la meilleure manière de les y préparer.

Il serait plus avisé d'enseigner aux garçons comme aux filles l'affirmation de soi. Cette qualité peut remplacer l'agressivité excessive des garçons et une soumission inappropriée chez les filles. Elle est en outre nécessaire si nous voulons que nos enfants sachent résister aux pressions des autres : plus tard, il est inévitable que ceux-ci cherchent à leur faire prendre de la drogue, boire, participer à des activités sexuelles contre leur gré ou à commettre des actes dangereux (comme boire et conduire, voire des délits plus graves encore).

QU'EST-CE QUE L'AFFIRMATION DE SOI ?

Imaginez que vous êtes au supermarché pour acheter quelque chose. Vous êtes en retard et devez aller chercher les enfants à l'école. Quelqu'un passe devant vous à la caisse. Ce n'est peut-être pas intentionnel – cette personne, peut-être distraite, ne vous a pas vu. Voici trois manières de réagir :

1. Passivement

Vous ne faites rien, mais vous bouillonnez intérieurement : cela va vous mettre encore plus en retard, surtout que le code-barres de l'un de vos achats est illisible et qu'il faut envoyer quelqu'un vérifier le prix, ce qui va prendre des heures !

L'affirmation de soi peut remplacer l'agressivité excessive des garçons et une soumission inappropriée chez les filles. Elle est en outre nécessaire si nous voulons que nos enfants sachent résister aux pressions des autres.

2. Agressivement

Vous piquez une crise. Vous pestez à grands cris contre « ces gens qui se croient plus importants que d'autres et qui leur prennent leur place ». Vous vous déconsidérez.

3. Affirmativement

Vous respectez les autres, mais vous respectez vos droits tout autant. Vous dites à haute et intelligible voix : « Excusez-moi, je crois que c'était mon tour. »

Plusieurs points sont à observer afin de se montrer affirmatif :

- rester calme et ne pas se laisser aller à la colère ;
- regarder votre interlocuteur ;
- dire « Je ». Utiliser un « Vous » revient souvent à formuler une accusation. Au lieu de dire : « Vous avez pris ma place », préférez : « J'étais avant vous » ;
- parler d'une voix claire et ferme, mais pas forte et agressive ;
- rester bref.

Beaucoup d'adultes ne sont pas affirmatifs, ce qui implique qu'ils ne fournissent pas à leurs enfants le meilleur exemple. Certains ne défendent pas leurs droits et, à l'opposé, d'autres pensent qu'être affirmatif consiste à vous couper la parole et à vous hurler que vous êtes un imbécile et qu'ils ont raison.

L'affirmation de soi ne s'applique pas qu'à des situations de ce genre, mais consiste aussi à s'arrêter pour demander son chemin plutôt que de se perdre. (Ainsi, bien qu'étant un homme, je préfère ralentir pour que ma femme demande le chemin et fasse montre d'un comportement affirmatif pour nos enfants. Moi, je peux faire celui qui sait que nous sommes sur la mauvaise route depuis cinquante kilomètres.)

L'AFFIRMATION DE SOI ET LES CONFLITS ENTRE FRÈRES ET SŒURS

Peu de relations entre enfants sont aussi passionnelles et conflictuelles qu'entre frères et sœurs. Tous les parents veulent que leur progéniture s'entende bien, mais peu savent comment gérer les chamailleries. Les experts ajoutent à leur confusion en leur conseillant de laisser les enfants se débrouiller entre eux. L'argument étant qu'ils pourront ainsi apprendre à résoudre leurs problèmes seuls.

Malheureusement, si on laisse les enfants se débrouiller tout seuls, c'est généralement le plus fort (et souvent, mais pas toujours, l'aîné(e)) qui domine. Cela instaure un schéma où un enfant domine et apprend que l'agression paie, tandis que l'autre apprend à être une victime. C'est pourquoi beaucoup de leaders sont des aînés – l'une de leurs plus grandes compétences étant de gouverner leur petit monde. Mais ces schémas peuvent faire naître chez la victime un sentiment d'hostilité, un complexe d'infériorité et d'impuissance.

Le problème est que, lorsque les parents interviennent, ils prennent souvent la défense du plus jeune et disent à l'aîné : « Tu es l'aîné, tu devrais être sage. » Ce qui incite les cadets à dénoncer leurs aînés, alors que rares sont déjà les enfants qui ont besoin qu'on les y encourage.

Si le conflit entre frères et sœurs est un problème régulier, la première étape est d'utiliser une stratégie efficace de gestion du comportement. Les techniques décrites dans la première partie de cet ouvrage devraient vous y aider. N'oubliez pas qu'il est inutile d'essayer de déterminer qui a commencé : utilisez la même méthode de discipline pour les deux parties. Il faut être deux pour se battre.

Ensuite, lorsque les enfants sont revenus de suspension, utilisez la résolution de problèmes pour éviter que surviennent d'autres querelles. Enseigner aux deux enfants à être affirmatifs plutôt qu'agressifs peut leur fournir des modèles de comportement différent.

Par exemple, Lionel prend le jouet de Sarah. Celle-ci cède, mais sanglote, espérant consolation et câlin (après tout, c'est la victime). Au lieu de le lui donner, vous pouvez susciter une réponse affirmative :

Vous : Tu voulais que Liam te prenne ton jouet ?

Sarah : Non.

Vous : Eh bien, qu'aurais-tu pu faire au lieu de le laisser te le prendre ?

Sarah : Le reprendre ?

Vous : Et que se serait-il passé, alors, à ton avis ?

Sarah : Il m'aurait sûrement frappée.

Vous : Alors qu'aurais-tu pu faire ?

Sarah (après réflexion) : Je ne sais pas.

Vous : Et si tu avais tout simplement dit : « Je joue avec », d'une voix bien ferme. Montre-moi.

Les étapes de résolution de problèmes peuvent également être utilisées avec Lionel. Le garçon a besoin d'apprendre le comportement affirmatif pour remplacer l'agression :

Vous : Lionel, si tu voulais le jouet, qu'aurais-tu pu faire d'autre que le prendre ?

Lionel : Demander, je crois.

Vous : Très bien, montre-moi comment tu aurais fait. N'oublie pas que c'est le jouet de Sarah et qu'elle a le droit de le garder si elle veut.

Vous pouvez enfin observer comme règle de ne pas intervenir si l'un des enfants dénonce l'autre et en profiter pour leur enseigner la résolution de problèmes (à partir de quatre ans). Et dire, par exemple : « Que pourrais-tu faire, d'après toi, quand ton frère dit cela ? » Évidemment, vous devez toujours clairement préciser que la dénonciation est nécessaire s'il s'agit d'un acte très dangereux.

Un conflit typique est celui où l'aîné est jaloux de son cadet parce qu'il accapare l'attention. Comme un employé installé dans un poste, il fait savoir au nouveau qu'il doit rester à sa place – c'est-à-dire en bas. Au début, le cadet accepte cette situation, mais pas très longtemps.

Au bout d'un moment, il riposte et apprend rapidement comment harceler et provoquer son aîné. Bien entendu, celui-ci réagit et s'attire des ennuis, à la grande satisfaction du cadet. Et l'aîné cherche alors la prochaine occasion de se venger.

Les études démontrent que les querelles entre un enfant en âge d'entrer à la maternelle et son cadet surviennent sept fois par heure ! (Elles sont moins fréquentes à mesure que les enfants vieillissent.)

Selon Frank Sulloway[1], la rivalité entre frères et sœurs est « génétique » et c'est une manifestation de la loi de la survie du plus fort. Avant la révolution industrielle, les familles étaient bien plus nombreuses, l'époque plus dure et beaucoup d'enfants mouraient avant leurs dix ans. D'après lui, les parents avaient peu de temps, d'argent et de nourriture. Les enfants qui parvenaient à dominer pour accaparer ces ressources très limitées prospéraient mieux que les autres. En conséquence, seuls les enfants plus forts et plus compétitifs survivaient et transmettaient leurs gènes aux générations suivantes.

Les conflits entre frères et sœurs ne sont pas nécessairement mauvais. C'est seulement lorsqu'ils sont excessifs et univoques qu'ils font le lit d'un comportement agressif. Les études démontrent que les enfants sont mieux adaptés socialement lorsqu'ils connaissent un équilibre entre périodes de conflits et périodes de soutien mutuel.

Mes deux enfants me fascinent : par moments ils sont capables de se détester et de se faire les pires horreurs, mais également de s'entraider et de se soutenir. Bien des parents me disent que leur aîné traite son cadet sans pitié chez eux, mais qu'il le défend âprement à l'école.

L'affirmation de soi et le harcèlement

Pour moi, la résolution de problèmes et l'affirmation de soi sont très utiles pour aider les enfants qui sont harcelés. Si quelqu'un s'en prend à votre enfant, essayez de déterminer exactement ce qui se passe :

- est-ce occasionnel ou quotidien ?

---

1. Frank Sulloway, *Born to Rebel : Birth Order, Family Dynamics, and Creative Lives*, Pantheon Books, New York, 1996.

• que font ou disent les autres enfants ? L'insultent-ils ? Quels sont exactement les termes utilisés ?

• comment votre enfant réagit-il ? S'il prétend qu'il n'y prête pas attention (comme c'est souvent le cas, mais c'est rarement vrai), sondez-le en lui posant d'autres questions :

– cela te vexe ?

– que fais-tu quand tu es vexé ?

– est-ce que tu réponds ?

Passez ensuite aux étapes de résolution de problèmes (voyez le chapitre 16). La plupart des enfants proposent trois solutions :

1. Le discours affirmatif

Déclarer d'une voix ferme : « Arrête de dire ça. » Je le répète souvent avec mes enfants pour les entraîner à le faire d'une voix ferme. Si la voix est mal assurée, cela ne fonctionne pas. Et si l'enfant le dit d'un ton fâché, il risque de provoquer son adversaire.

2. S'en aller

Calmement, sans montrer que l'on est vexé.

3. Si les deux précédentes solutions ne fonctionnent pas, **aller voir le professeur.**

Un mélange de résolution de problèmes et d'entraînement à l'affirmation de soi peut donner de bons résultats chez les enfants harcelés. Classiquement, ce sont des enfants de sept à dix ans qui sont victimes de la méchanceté des autres. Cela peut durer des mois, voire des années, et les enfants finissent par en être malheureux et maussades. En général, je passe beaucoup de temps à utiliser les étapes de résolution de problèmes pour amener l'enfant à trouver une solution (ou un ensemble de solutions) qui fonctionnera le mieux selon lui.

La plupart du temps, cela consiste à ignorer l'agresseur ou à lui dire fermement d'arrêter. Nous répétons jusqu'à ce que l'enfant le maîtrise. Si cela ne fonctionne pas, aller voir le professeur est une solution possible. Bien entendu, c'est souvent ce que les parents suggèrent à leurs enfants. La différence, c'est que dans le cadre de la résolution de problèmes, c'est l'enfant lui-même qui formule les suggestions.

Il y a toujours des exceptions aux solutions que proposent généralement les enfants. Stéphane avait neuf ans. Après une période d'entraînement à la relaxation pour lui apprendre à se calmer, nous sommes passés aux étapes de résolution de problèmes. Nous avons formulé les solutions habituelles comme ignorer l'agresseur ou le dénoncer au professeur, mais Stéphane était convaincu qu'elles ne fonctionneraient pas. Pour lui, la seule solution efficace consistait à frapper son adversaire. J'en discutai avec ses parents et lui pour identifier les inconvénients : il risquait de blesser l'autre, de se faire du mal, d'empirer la situation et de s'attirer des ennuis. Mais Stéphane restait inébranlable.

Le lendemain matin, en réponse à une remarque sarcastique, Stéphane se bagarra. Il s'attira des ennuis, écopa d'une retenue et fut menacé d'expulsion. L'autre garçon ne le harcela plus jamais.

Voici quelques signes caractéristiques chez la victime de harcèlement :

- cauchemars,
- sautes d'humeur, irritabilité,
- maux de tête ou de ventre, surtout le soir ou le matin avant l'école,
- refus d'aller à l'école,
- refus d'emprunter le car de ramassage scolaire,

• demandes d'argent supplémentaire (pour donner à l'agresseur).

Si vous remarquez ces signes, parlez à votre enfant. Vous devrez peut-être contacter directement l'école. Tous les établissements répriment le harcèlement et vous devez régler ce problème. Si cela ne donne rien, consultez un psychologue.

J'avais pour patient un garçon de neuf ans, Michaël, qui était victime de harcèlement de la part d'un groupe d'autres garçons. Ils l'accueillaient le matin en l'insultant et s'en prenaient à lui durant le déjeuner et les récréations. Michaël prétendait les ignorer, mais lorsque j'étudiai avec lui des exemples spécifiques, il fut évident qu'il répondait souvent et qu'il montrait qu'il était vexé.

Nous passâmes par les étapes de résolution de problèmes et je l'aidai à formuler les solutions habituelles, mais Michaël jugea qu'elles ne donneraient rien. Puis il proposa : « Je sais, je vais leur sortir une blague. »

Sa mère et lui passèrent tout le week-end à trouver des blagues amusantes. Le lundi matin, lorsqu'il descendit du car, les trois garçons l'accueillirent avec des insultes.

Michaël répondit : « Vous voulez que je vous raconte une blague ? Vous connaissez celle du... ? »

J'aurais adoré voir la réaction de ses adversaires.

À la récréation, ils revinrent l'insulter, mais Michaël leur raconta une autre blague. Le lendemain, ils avaient renoncé.

En racontant des blagues, Michaël ne se soumettait pas et ne montrait pas sa peur. Il ne leur fournissait pas non plus la réaction émotive qu'ils espéraient. En réalité, il leur montrait qu'il n'avait pas peur d'eux, ce qui les a amenés à renoncer.

Vous pouvez aider vos enfants en leur parlant des problèmes. Quand vous leur demandez comment s'est passée leur journée à l'école, ne vous contentez pas d'un « pas grand-chose » en guise de réponse. Demandez des précisions sur la récréation ou le déjeuner, à côté de qui il était assis, avec qui il a joué et à quoi. Éventuellement, demandez si quelqu'un a été méchant avec un autre. Ou avec lui. Ne le demandez pas tous les jours, mais posez la question de temps en temps.

Si votre enfant vous déclare que quelqu'un a été méchant avec lui, profitez de l'occasion pour l'aider à résoudre le problème.

En résumé

- L'affirmation de soi peut être utilisée en lieu et place de l'agression et de la soumission.
- Montrez l'exemple en étant affirmatif devant vos enfants.
- Être affirmatif signifie parler d'une voix ferme, sans crier. Entraînez vos enfants à le faire.
- Être affirmatif signifie regarder directement son interlocuteur.
- Être affirmatif signifie ne pas se montrer impoli ou fâché.

Le mot de la fin

J'ai rédigé ce livre en raison du rôle crucial que le comportement, les compétences sociales et la faculté de résoudre les problèmes jouent dans le développement de l'enfant. Il ne s'agit pas de nier la fonction des compétences physiques, intellectuelles ou artistiques, qui sont tout aussi importantes. Cependant, si un enfant ne coopère pas avec ses parents ou ses professeurs, s'il se montre impoli avec les autres et s'il ne sait pas gérer un conflit, il est probable qu'il ne réalisera pas pleinement son potentiel. J'ai vu trop d'enfants brillants moins bien réussir qu'ils n'auraient dû en raison de leur attitude envers l'apprentissage. Aider leurs enfants à réussir est le vœu le plus cher de tout parent, et j'espère que ce livre vous y aidera.

Je me suis appuyé sur de nombreuses études pour déterminer les techniques d'éducation les plus efficaces. Il ne s'agit pas de mon opinion personnelle, mais de ce que les meilleurs chercheurs au monde considèrent comme les méthodes les plus sérieuses pour les enfants. J'ai également utilisé celles-ci dans le cadre professionnel et pu constater par moi-même leur bien-fondé. Ces techniques sont utilisées par des psychologues dans de nombreux pays et considérées comme les plus abouties. Mon but, avec cet ouvrage, est de les rendre accessibles à tous les parents.

Alors, est-ce que j'utilise ces techniques avec mes enfants ? Pas à tous les coups. J'essaie, mais comme tous les parents, je suis parfois fatigué, de mauvaise humeur ou irritable. Parfois, je me suis mis en colère contre eux et je m'en souviens désagréablement. Mais la plupart du temps, je m'efforce d'utiliser les méthodes développées dans ce livre. Elles ne fonctionnent pas toujours à la perfection, mais je pense néanmoins qu'elles demeurent les meilleures possibles.

Si, en tant que parent, vous vous entraînez aux techniques de la première partie et vous vous concentrez sur l'amélioration de la coopération et du comportement, vous donnerez à votre enfant un bon départ. Si vous tentez le reste, ce n'en sera que mieux. Quelle régularité observer ? Tout dépend de l'enfant. S'il souffre d'un déficit d'attention, plus vous serez régulier, mieux ce sera. Ces enfants n'apprennent pas rapidement par le biais de la récompense et de la discipline, et insister régulièrement constitue la meilleure approche, même si elle est tout aussi importante pour les autres.

N'oubliez pas que l'erreur est humaine : ne vous découragez pas en cas d'insuccès – reprenez le lendemain.

Notre meilleur geste en faveur de nos enfants est d'investir beaucoup de temps et d'attention durant les premières années. Progressivement, à mesure qu'ils grandissent, ils seront plus indépendants. Ils développeront leurs propres amitiés, et leurs professeurs et leurs amis auront une influence grandissante. Tout ce que nous pouvons espérer, c'est avoir instillé suffisamment d'autodiscipline, de compétence de résolution de problèmes et de simple sens commun pour leur assurer une voie heureuse dans l'existence. Nous ne pouvons que nous y efforcer.

Au catalogue
Livre de Poche
Marabout

Enfant – Éducation

- Acker V. — *Ados comment les motiver ?* n° 3162
- Antier E — *Itinéraire d'un nouveau-né* n° 3163
- Dr Angel S. — *Nounous ou crèches, que choisir ?* n° 3208
- Bacus A. — *Mon enfant a confiance en lui* n° 3192
  Sommeil de votre enfant (*Le*) n° 3196
  Votre enfant de 1 jour à 1 an n° 3120
  Votre enfant de 1 à 3 ans n° 3121
  Votre enfant de 3 à 6 ans n° 3122
- Belouze M., Dr Cocaul A. — *Kilos ados* n° 3203
- Biddulph S. — *Élever un garçon* n° 3180
  Secret des enfants heureux (t. 1) n° 3184
  Secret des enfants heureux (t. 2) (*Le*) n° 3181
- Carquain S. — *100 histoires du soir* n° 3175
- Dr Bouchet H., Vié B. — *Recettes pour bébé* n° 3127
- Dr Brazelton T-B. — *Ce dont chaque enfant a besoin* n° 3182
- Dr ByronT., Baveystock S. — *Objectif : sage comme une image !* n° 3215
- Dr Clerget S. — *Adolescents, la crise nécessaire* n° 3189
- Dr Dodson F. — *Aimer sans tout permettre* n° 3101
  Le père et son enfant n° 3100
  Parents efficaces n° 3102
  Parents efficaces au quotidien n° 3138
  Tout se joue avant 6 ans n° 3115
- Dr Soleno C. — *Sexos ados* n° 3202
- Dr Solter A. — *Bébé, dis-moi qui tu es ?* n° 3160
  Mon bébé comprend tout n° 3156
- Deacon C. — *Bébé calme* n° 3204
- Dazzo S. — *150 façons d'être une supermaman* n° 3214
- Dr Galland M. — *Toutes les questions au pédiatre* n° 3173
- Dr Grandsenne P. — *Bébé, dis-moi qui tu es ?* n° 3160
  Bébé, raconte-moi tes premières fois n° 3195
- Dr Pacaud M. — *Aux petits maux les bons remèdes* n° 3209
- Dr Sznajder M. — *Écouter et soigner son enfant* n° 3206

- Filliozat I. — *Au cœur des émotions de l'enfant* n° 3171
- Grosse M. — *Pourquoi les aînés veulent diriger le monde et les benjamins le changer* n° 3205
- Konopicky K. — *100 trucs que je déteste sur la grossesse* n° 3213
- Lamour V. — *Enceinte à Paris et en région parisienne* n° 3207
  Où accoucher en France ? n° 3208
- Le Bras F. — *Prénoms et origines* n° 3188
- Miucci M. — *Jeune papa* n° 3186
- Pelle-Douel C. — *Enfants trucs* n° 3179
- Preuschoff G. — *Élever une fille* n° 3211
- Raguin P. — *10 000 prénoms du monde* n° 3139
- Schapiro-Niel A. — *A.D.O.S* n° 3187
  Destination Maman n° 3197
- Unell B. — *Se faire obéir sans crier* n° 3169

Psychologie

- Ambra (d') G. — *Développez votre intelligence sexuelle* n° 3684
  Tous les tests pour faire les bons choix n° 3685
- Azzopardi G. — *Boostez votre cerveau* n° 3710
  Découvrir son profil psychologique n° 3592
  Mesurez votre Q.I. n° 3527
  Nouveaux tests de QI n° 3714
  Réussissez les tests d'intelligence n° 3512
- Baudouin B. — *Petit livre de sagesse du Dalaï-Lama* n° 3702
- Biddulph S. — *Parents et toujours amoureux* n° 3680
- Boothman N. — *Tout se joue en moins de 2 minutes* n° 3675
- Carter S., Sokol J. — *Au secours ! Je vis avec un(e) narcissique* n° 3721
- Cesari C. — *Tests psychologiques (Les)* n° 3533
- Dr Cocaul et M. Belouze — *Kilos Ados* n° 3203
- Colin-Simard V. — *Pères d'aujourd'hui, filles de demain* n° 3693
- Coué E. — *Méthode Coué (La)* n° 3514
- Daco P. — *Prodigieuses victoires de la psychologie (Les)* n° 3504
  Interprétation des rêves (L') n° 3501
  Triomphes de la psychanalyse (Les) n° 3505

- Dalaï-Lama — *Cinq entretiens avec le Dalaï-Lama* n° 3650
  Pouvoir de la bonté (Le) n° 3703
- Delahaie P. — *Ces amours qui nous font mal* n° 3706
- Delors D. — *Le yoga de Davina* n° 2918
- Foch C., Helary A. — *Sex toys, faites-vous plaisir* n° 2916
- Filliozat I. — *Je t'en veux, je t'aime* n° 3699
  Intelligence du cœur (L') n° 3580
  Que se passe-t-il en moi ? n° 3671
- Forward S. — *Parents toxiques* n° 3678
- Dr Foster C. — *Comment lui dire* n° 3596
- Ginger S. — *Gestalt, l'art du contact (La)* n° 3554
- Glas L. — *Ces gens qui vous empoisonnent l'existence* n° 3597
- Gunaratana H. — *Méditer au quotidien* n° 3644
- Hay L. I. — *Amour sans condition (L')* n° 3662
  Force est en vous (La) n° 3647
  Transformez votre vie n° 3633
- Hirsh D. — *Rupture : petit guide de survie* n° 3689
- Ireland M. — *Apprivoiser le deuil* n° 3677
- Dr Jalenques E. — *Thérapie du bonheur (La)* n° 3682
- Jeffers S. — *Osez le grand amour* n° 3716
  Oser briser la glace n° 3673
  Tremblez mais osez n° 3669
  Vie à bras-le-corps (La) n° 3690
- Klausnitzer J. E. — *80 tests de logique* n° 3530
  150 tests d'intelligence n° 3529
- Lassus (de) R. — *Analyse transactionnelle (L')* n° 3516
  Communication efficace par la PNL (La) n° 3510
  Efficace et épanoui par la PNL n° 3563
  Ennéagramme (L') n° 3568
  Oser être soi-même n° 3603
- Dr Lemoine P. — *Sexe des larmes (Le)* n° 3688
- Loreau D. — *Art de la simplicité (L')* n° 3720
- McGraw P. — *On gère sa vie, on ne la subit pas* n° 3704
- McKenna P. — *Changez de vie en 7 jours* n° 3719
- McKinlay D. — *Tout ce que les hommes ignorent et que les femmes n'avoueront jamais* n° 3708

- Mc Mahon S. — *Psy de poche (Le)* n° 3551
- Muldorf B. — *Je t'aime moi aussi* n° 3674
- Muller J.-M. — *Principe de non-violence (Le)* n° 3657
- Morris D. — *Langage des gestes (Le)* n° 3590
- Nachez M. — *États non ordinaires de conscience (Les)* n° 3640
- Nhat Hanh T. — *Plénitude de l'instant (La)* n° 3655
- Nolen-Hoeksema S. — *Pourquoi les femmes se prennent la tête ?* n° 3722
- Peale N. V. — *Puissance de la pensée positive (La)* n° 3607
- Rhodes D. K. — *Harcèlement psychologique (Le)* n° 3595
- Rialland C. — *Cette famille qui vit en nous* n° 3636
- Schapiro-Niel A. — *Quand les enfants partent* n° 3707
- Seldes R. et Pizzo C. et *al.* — *Ce que veulent les hommes* n° 3672
- Senk P. et Gravelaine (de) F. — *Se libérer de ses dépendances* n° 3668
- Dr Solano C. — *Sexo ados* n° 3202
- Dr Stern R. — *Maîtriser ses phobies* n° 3600
- Uyttenhove L. — *Dictionnaire Marabout des rêves* n° 3542
- Willer E. — *Hommes, les femmes etc.* (Les) n° 3679
- Dr Wiseman R. — *Capital chance (Notre)* n° 3691

Composition réalisée par Nord Compo

IMPRIMÉ EN ESPAGNE PAR LIBERDUPLEX

Pour le compte des Éditions Marabout
D.L. n° 81047 – Janvier 2007
ISBN : 978-2-501-05079-1
40.8934.8/01